통곡 없이 잠 잘 자는 아기의 비밀

ⓒ 곽윤철, 2021

이 책의 저작권은 저자에게 있습니다.
저작권법에 의해 보호를 받는 저작물이므로
저자의 허락 없이 무단 전재와 복제를 금합니다.

수면 교육 전문가의 0~2세 현실 밀착 코칭법

통곡 없이 잠 잘 자는 아기의 비밀

곽윤철 지음

북라이프

통곡 없이 잠 잘 자는 아기의 비밀

1판 1쇄 발행 2021년 8월 24일
1판 9쇄 발행 2025년 11월 20일

지은이 | 곽윤철
발행인 | 홍영태
발행처 | 북라이프
등 록 | 제2011-000096호(2011년 3월 24일)
주 소 | 03991 서울시 마포구 월드컵북로6길 3 이노베이스빌딩 7층
전 화 | (02)338-9449
팩 스 | (02)338-6543
대표메일 | bb@businessbooks.co.kr
홈페이지 | http://www.businessbooks.co.kr
블로그 | http://blog.naver.com/booklife1
페이스북 | thebooklife
인스타그램 | booklife_kr
ISBN 979-11-91013-28-3   13590

* 잘못된 책은 구입하신 서점에서 바꾸어 드립니다.
* 책값은 뒤표지에 있습니다.
* 북라이프는 (주)비즈니스북스의 임프린트입니다.
* 비즈니스북스에 대한 더 많은 정보가 필요하신 분은 홈페이지를 방문해 주시기 바랍니다.

> 비즈니스북스는 독자 여러분의 소중한 아이디어와 원고 투고를 기다리고 있습니다.
> 원고가 있으신 분은 ms2@businessbooks.co.kr로 간단한 개요와 취지, 연락처 등을 보내 주세요.

오늘 밤도 잠 못 이루는 아기 때문에 지친
모든 초보 부모들에게 바칩니다.

프롤로그

"아기가 너무 심하게 울어요. 아무리 달래줘도 울음을 그치지 않아요. 안아주면 눈을 감은 채 몸을 뒤로 젖히면서 울고, 내려주면 더 심하게 우는 아기를 어쩌면 좋을까요?"

"아기가 한 시간마다 배고파하며 젖을 찾아요. 이제 모유 수유는 그만하고 분유 수유로 바꾸고 싶은데 아기가 우유병을 거부해요. 분유 수유로 바꾸는 방법이 있을까요?"

아기가 심하게 울어서 화가 나는 엄마, 잦은 모유 수유로 지친 엄마들이 많습니다. 아기들이 이렇게 엄마를 힘들게 하는 이유는 우는 게 아니라 잠투정이고, 배고픈 게 아니라 젖을 물고 잠드는 습관 때문인 경우가 대부분입니다. 아기는 자고 싶은데, 엄마는 그 마음을 모른 채 잠들려는 아기를 안아 흔들어 깨우고, 배고프지 않은 아기에게 자꾸 젖을 물립니다. 그러니 아기는 깊게 잠들지 못해 울고, 엄마는 울기만

하는 아기에게 지칩니다.

　실제로 많은 부모들이 육아 중 가장 어려운 부분을 '아기 재우기'라고 말합니다. 특히 밤잠은 육아로 지친 몸과 마음에 휴식을 주고 체력을 충전하는 소중한 시간입니다. 이 시간에 충분한 수면을 취하지 못하면 피곤한 상태가 되어 다음날 모든 활동에 지장을 받기 때문에 매우 중요합니다. 아기가 잘 자야 부모도 잘 수 있는데, 밤새 잠들지 못하는 아기를 달래면서 재우다보면 수면 시간이 부족해지고 결국 육아 스트레스로 이어져 부부관계는 물론 일상생활까지 부정적인 영향을 미칩니다.

　외국 영화나 드라마를 보면 아무리 어린 아이라도 혼자 방에서 잘 잡니다. 그런데 왜 우리는 아기가 태어나면 어느 정도 클 때까지 수면 부족으로 고생하는 게 당연하게 된 걸까요? 이는 문화 차이 때문입니다. 부모의 양육 방식은 직관적인 본능에 의해 이루어지는 것이 아닙니다. 문화적 영향, 개인적 경험 그리고 학습에 큰 영향을 받습니다. 우리나라는 아기를 위한 수면 교육 문화가 없습니다. 우리는 아기가 울면 바로 안아주거나 업어주거나 젖을 물려 아기를 달래주는 문화입니다. 아기가 울면 그 이유를 파악하기보다 당장 아기의 울음을 멈추게 하는 것이 우선입니다. 아기가 태어난 초기에는 얼마든지 기쁘게 아기를 안아주었던 부모도 지치고 힘든 날이 계속되면 아기에게 화를 냅니다. 그동안 부모 품에 안겨 잠들었던 아기는 이전과 달라진 부모의 부정적인 모습이 낯설어 더 크게 웁니다. 그러면 부모는 아기가 예민해서 잘 못 잔다고 여깁니다. 어떤 날은 잠들지 못하는 아기 때문에 뜬눈으로 밤을 새게 됩니다. 오랫동안 이렇게 이어진 습관은 부모와 아기 모두의 수면을 방해합니다. 반면 수면 교육 문화가 자리 잡은 외국 부모들은 처음부터 아기를 안고 품에서 재우지 않고 침대에 눕혀 스스로 잠들게 합니다.

수면 교육의 성공으로 밤새 안아 재우는 노력 없이 아기가 혼자서도 잠들 수 있다면 부모도 밤에 충분히 잘 수 있습니다. 육아 때문에 미뤄 두었던 일을 할 수 있는 여유 시간은 물론 오붓한 시간도 생겨 부부 사이도 더 좋아집니다. 기분 좋게 잘 자고 일어난 아기는 매일 좋은 컨디션으로 잘 먹고 잘 놀면서 건강하게 자랍니다. 이렇게 아기의 수면 문제만 해결되어도 온 가족의 생활에 긍정적인 영향을 줍니다.

사회의 변화와 인터넷의 발달로 다양한 육아 정보의 습득이 가능해졌습니다. 요즘 부모들은 수면 교육의 필요성을 인식하고 관련 서적이나 온라인 커뮤니티 등을 통해 다양한 정보들을 얻고 있습니다. 동시에 많은 지식과 정보를 내 아기에게 어떻게 적용해야 하는지 몰라 혼란을 겪기도 합니다. 육아를 도와주시는 친정 엄마나 시어머니의 방식과 달라 세대 간에 갈등도 생깁니다. 넘쳐나는 정보로 혼란이 가중된 상태에서 힘들어하는 초보 부모들이 많습니다.

저는 22년간 육아 전문가로 활동하며 수많은 초보 부모들을 만났습니다. 산후조리원을 운영하는 기간, 국제 모유 수유 전문가로 활동하던 기간, 또 지금까지 개인 코칭을 통해 만난 부모들은 서로 다르지만 비슷한 고민들을 하고 있었습니다. 겉으로 봤을 땐 알 수 없지만 알고 보면 '수면'과 연관된 고민들이 많았습니다. 수유를 너무 많이 해서 고민이라고 했던 한 엄마의 고민은 알고 보니 잠투정에서 비롯된 것이었고, 예민한 줄 알았던 아기도 알고보니 잦은 환경 변화로 인한 아기의 당연한 반응이었습니다. 제대로 이루어지지 못한 '수면'이 문제인데 그 원인을 파악하지 못해 아기도, 부모도 힘들어하는 모습을 너무나도 많이 봤습니다.

 이 책은 수많은 정보 속에서 중심을 잡지 못하는 초보 부모들을 위해 이론 위주로 집필된 기존 도서들의 아쉬운 점을 보완하여 만든 수면 교육 지침서입니다. '아기가 스스로 잘 수 있게 만드는 것'을 목표로 아기가 잠을 잘 수 있는 수면 환경 만드는 법, 잘 시간이 되면 스스로 잘 수 있도록 생체 시계를 설정하는 현실적인 노하우를 가득 담았습니다. 소개하는 내용마다 실제 사례를 구체적으로 제시하여 초보 부모라도 실전 육아에 바로 적용하여 효과를 볼 수 있도록 구성했습니다. 20여 년간 현장에서 일하면서 쌓은 경험과 다양한 상담 사례를 바탕으로 많은 엄마들이 공통적으로 궁금해하는 부분들을 콕 짚어 정리한 상담형 Q&A는 초보 부모들의 아기 수면 교육을 성공으로 이끌어 줄 것입니다.

 이 책을 읽는 모든 부모들이 수면 부족으로 스트레스를 받고 번 아웃을 경험하는 대신, 부모의 자리에서 아기를 양육하며 최고의 기쁨과 행복을 누릴 수 있기를 바랍니다.

차례

프롤로그 · 6

제1장
자고 싶은 아기는 몸으로 말한다

1 아기에게도 수면 욕구가 있다 · 20
수면 교육이 필요할까? | 수면 교육이 어려운 이유 | 시행착오는 수면 교육 성공을 위한 과정 | 얕은 잠과 깊은 잠 | 모로 반사

2 자고 싶다는 표현을 읽자 · 28
자고 싶은 아기가 보내는 신호 | 아기의 수면 신호를 읽는 방법 | 아기마다 다른 수면 신호의 표현 방법

3 아기의 욕구를 파악하자 · 35
시계를 관찰하자 | 행동을 관찰하자 | 아기의 행동 언어를 관찰하자 | 수유를 관찰하자 | 울음 소리를 관찰하자

4 수면 신호에 대처하자 · 46
수면 신호를 모르는 부모 | 수면 신호에 반응하는 방법을 모르는 부모 | 수면 신호가 짜증나는 부모 | 아기의 잠투정에 대처하는 방법

제2장
아기에게 올바른 수면 환경을 제공하자

1 정서적 환경 • 62
눈 맞춤 | 부드러운 터치 | 따뜻한 목소리 | 배부름

2 공간적 환경 • 79
놀 때는 밝게, 잘 때는 어둡게 | 자고 일어나는 것은 같은 장소에서 | 동일한 환경만큼 중요한 몸 경험 | 같은 장소에서 재울 수 없는 상황이라면 | 잘 때는 선선하게 | 애착 인형을 만들어 줘라

제3장
통잠을 부르는 우리 아기 생체 시계 설정법

1 태어난 순간부터 시작하자 • 94
신생아실의 현실 | 모자동실이 필요한 이유 | 자는 시간과 먹는 시간을 찾아내자 | 하루 생활 일지 기록하기 | 수면 시간 정해주기 | 울음과 잠투정 | 먹는 시간과 노는 시간을 찾아내자 | 행동과 시간으로 아기의 생체 시계를 파악하자

2 가르치자 • 106
먹는 도중 잠들면 안 된다고 가르치자 | 표현하도록 가르치자 | 아기도 감정과 의견을 표현한다 | 아기의 감정 표현이 중요한 이유 | 정서 지능이 높은 사람으로 키우려면 | 아기 스스로 조율하는 방법을 가르치자 | 사랑받고 있다는 것을 가르치자

3 교감하자 • 123
안전하다는 느낌을 주자 | 감각을 이용해 정서적 환경을 제공하자 | 아기가 고요할 때 | 아기가 강하게 울 때 | 아기의 몸을 보면서 교감하자 | 교감의 중요성 | 현실 이야기를 해주자 | 존재 이야기를 해주자 | 환상 이야기를 해주자 | 잠에서 깬 아기를 바로 안아주지 말자 | 잠에서 깬 아기의 울음을 관찰하자 | 기저귀 교환은 아기의 기분이 좋아진 후에 | 너무 오래 자는 아기는 깨워라

제4장
육아는 함께 하는 것이다

1 엄마는 절대적 권력자 • 148
나쁜 엄마라는 죄책감 | 불안이 회피로 | 비교로 인한 불안 | 친정 엄마 눈치

2 양육에 대한 의문 • 157
남편에 대한 불만 | 이혼을 부르는 아기 수면 문제 | 아기 탓이라는 생각 | 외로운 아빠

제5장
현실 밀착 상황별 수면 교육 Q&A 77

1 예민한 아기에게도 수면 교육이 가능한가요?	• 170
2 수면 교육은 언제부터 시작해야 하나요?	• 172
3 수면 교육이 성공할 때까지 얼마나 걸릴까요?	• 173
4 통잠의 기준이 뭔가요?	• 174
5 잠 연관과 수면 의식은 어떻게 다른가요?	• 175
6 24개월이 지난 아기에게도 수면 교육이 가능할까요?	• 176
7 아빠가 수면 의식을 담당해도 되나요?	• 178
8 수면 교육이 아기와의 애착 형성에 방해가 되지 않을까요?	• 179
9 둘째가 태어난 후 첫째가 잠을 못 자요	• 180
10 조리원에서 모자동실이 중요할까요?	• 183
11 쌍둥이 수면 교육은 어떻게 하나요?	• 184
12 아기 침대가 꼭 필요할까요?	• 186
13 아기가 배 위에서만 자려고 해요	• 187
14 역류 방지 쿠션이나 바운서에서 재워도 되나요?	• 188

15	온도와 습도가 아기의 수면에 영향을 미치나요?	• 190
16	아기가 잘 때 백색 소음이나 노래를 들려줘도 괜찮을까요?	• 192
17	아기에게 양말을 신겨서 재워도 될까요?	• 194
18	손 싸개를 계속 사용해도 되나요?	• 195
19	수면 교육 중인데 집이 아닌 곳에서 재워야 할 때는 어쩌죠?	• 196
20	낮잠 때도 밤잠처럼 수면 의식을 해야 하나요?	• 198
21	원래는 거실에서 아기와 잤는데, 아기 방에서 수면 교육을 시작해도 될까요?	• 199
22	젖이 없으면 못 자는 아기, 단유가 해결책일까요?	• 200
23	분리 수면은 언제부터 해야 할까요?	• 201
24	낮에는 환하게, 밤에는 어둡게 하라는 의미가 정확히 무엇인가요?	• 203
25	속싸개 없이 재워도 될까요?	• 204
26	자장가를 불러주고 싶은데 어떤 노래를 선택하는 게 좋을까요?	• 206
27	산후관리사나 친정 엄마가 안아주면 괜찮은데, 엄마와 아빠가 안아주면 아기가 울어요	• 208
28	너무 일찍 자려고 하는 아기, 늦게 재울 수 있나요?	• 209
29	아기가 깊은 잠을 못 잘 때 어떻게 하나요?	• 211
30	새벽에 자주 깨는 아기는 어떻게 할까요?	• 212
31	아기가 밤에는 엄마만 찾아요	• 214
32	밤에는 잘 자는데 낮잠을 잘 못 자요	• 216
33	잠이 들려고 하면 고개를 도리도리 젓는데 왜 이러는 걸까요?	• 218
34	밤잠에서 일찍 깬 경우 어떻게 해야 하나요?	• 220
35	수면 의식을 한 뒤 방에서 나오려고 할 때 아기가 울어요. 옆에 있어줘야 하나요?	• 222
36	밤잠은 일정한 시간에 자는데, 자기 전 1시간은 꼭 울어요	• 224
37	낮잠을 짧게 자고 일어난 아기가 더 자고 싶어 하면 더 재워야 할까요?	• 226
38	잠투정이 애착 형성에 문제가 되나요?	• 227
39	등 센서가 너무 예민하면 안아서라도 재워야겠죠?	• 228
40	잠투정이 너무 심해서 정신적으로 힘들어요	• 229

41 우는 강도가 1인지 3인지 어떻게 구분하나요?	• 230
42 아기가 귀를 긁거나 때려요	• 231
43 산후관리사의 손을 타버렸어요	• 232
44 아기가 울면 어떤 것부터 확인하면 좋을까요?	• 233
45 졸리다는 신호를 어떻게 파악하나요?	• 235
46 잠든 아기는 어떻게 깨울까요?	• 236
47 보조 양육자가 수면 의식을 담당해도 될까요?	• 237
48 트림시킬 때 아기가 잠이 들어버려 눕혀서 재우기 어려워요	• 238
49 아기가 하품을 하면 재우기 시작하는데 맞는 방법인가요?	• 239
50 아빠와 아기의 애착 형성을 위해 아기를 늦게 재워도 괜찮을까요?	• 240
51 트림을 하지 않고 자는 아기, 괜찮을까요?	• 241
52 계속 엎드려서 재워도 되나요?	• 243
53 잠자는 시간이 달라져서 수유 시간이 매번 달라도 괜찮나요?	• 244
54 손 빨고 자는 게 습관이 될까봐 공갈 젖꼭지를 물렸는데 끊어야 할까요?	• 246
55 모로 반사는 언제 끝나요?	• 248
56 원더윅스는 어떻게 해결하나요?	• 250
57 아기가 중간에 깨지 않고 12시간 정도 잠을 자도 되나요?	• 252
58 밤에 잘 때 아기가 많이 움직여도 괜찮나요?	• 253
59 이앓이 시기에도 수면 교육을 할 수 있을까요?	• 254
60 월령별 낮잠 횟수가 궁금해요	• 255
61 아기의 밤낮이 바뀌었어요	• 257
62 수면 교육에 성공한 줄 알았는데 다시 2시간마다 깨기 시작했어요	• 259
63 아기가 모유(분유)는 적게 먹고 잠은 많이 자요	• 260
64 평소보다 밤잠을 일찍 잤는데 깨지 않으면 아침까지 재워도 되나요?	• 261
65 밤에 일찍 잠드는 아기는 어떻게 늦게 재울 수 있나요?	• 262
66 같은 시간에 먹고 자야 하나요?	• 264
67 통잠을 잘 때는 기저귀를 안 갈아줘도 되나요?	• 266

| 68 | 먹고, 놀고, 자고의 비율이 있나요? | • 267 |

69 마지막 수유 전에 밤잠을 자는 아기를 깨워야 하나요? · 269

70 아기의 하루 패턴을 만들 때 가장 먼저 해야 할 일은 무엇인가요? · 270

71 조리원에서 퇴소한 지 얼마 안 되었어요. 아기가 잠든 지 3시간이 넘으면
깨워야 할까요? · 272

72 조리원 퇴소 후 아기의 생활 패턴이 걱정돼요 · 273

73 목욕 후 수유, 수유 후 목욕 중 무엇이 나을까요? · 276

74 잠들거나 깰 때 베이비 마사지를 해주고 싶은데 어떻게 하나요? · 278

75 먹고, 놀고, 자는 게 아니라 놀고, 먹고, 자는 것으로 굳어져도 괜찮나요? · 280

76 수면 의식 순서를 알려주세요 · 282

77 수면 간격은 어떻게 되나요? · 286

제1장

자고 싶은 아기는 몸으로 말한다

애니메이션 〈쿵푸팬더〉에는 대사부인 우그웨이, 우그웨이의 제자이자 타이렁의 사부인 시푸가 등장합니다. 타이렁을 아무리 가르쳐도 진전이 없자 시푸는 우그웨이를 찾아가 묻습니다.

"어떻게 해야 합니까! 어떻게!"

우그웨이는 이렇게 답합니다.

"시푸, '어떻게'가 중요한 게 아니라네. '믿음'이 먼저야. 믿어야 해. 약속하게, 시푸. 믿는 게 먼저라네. 약속해 주게나. 믿을 거라고!"

아기의 수면 교육에서 가장 중요한 것은 부모의 믿음입니다. 스스로 잠을 자지 못하는 아기는 없습니다. 아기가 스스로 잠을 잘 수 있다고 믿으며 아기에게 혼자 잠들 수 있는 기회를 주는 부모와 혼자 잠들 수 있는 아기의 능력을 믿지 못해 기회를 주지 않는 부모가 있을 뿐입니다. 아기가 스스로 잘 수 있다는 믿음을 가지고 잠자고 싶은 아기 내면의 욕구를 인정해 준다면 아기의 수면 습관은 달라질 것입니다.

수면 교육은 빨리 시작할수록 좋습니다. 아기는 태어난 직후부터 부모와 함께 먹고, 놀고, 자는 현실의 삶을 통해 습관을 형성해야 합니다.

그런데 일부 부모들은 먹고, 놀고, 자는 일상이 아기에게 얼마나 중요한지 잘 모르다보니 산후조리를 마친 후에 본격적인 양육을 시작합니다. 아기는 잘 먹어야 부모와 소통을 하면서 신나게 놀 수 있습니다. 이렇게 노는 시간을 통해 부모는 아기 내면의 욕구를 관찰할 수 있고, 소통으로 아기와 교감을 했던 부모는 아기가 스스로 잘 수 있다는 믿음을 가지고 아기 스스로 잘 수 있는 기회를 제공할 수 있습니다.

아기에게도 수면 욕구가 있다

아기는 잠이 오면 잠투정을 합니다. 아기의 잠투정은 부모를 힘들게 만듭니다. 잠이 와 짜증을 내며 힘껏 우는 아기를 진정시키기 힘들 때는 무조건 달래주려고 애쓰는 것보다 울음을 인정해 주는 편이 좋습니다. 아기의 울음을 바로 그치게 해야 한다는 생각은 버리고 억지로 재우려고 애쓰는 대신 아기 울음에 응답하며 공감해 주세요. 잠을 자고 싶은 욕구는 아기의 것입니다. 부모의 역할은 졸린 아기를 재워주는 것이 아니라 아기가 안전하고 편안하게 잘 수 있는 수면 환경을 마련해 주는 것입니다. 그 환경 속에서 잠이 드는 것은 아기가 스스로 해야 할 일입니다.

수면 교육이 필요할까?

수면 교육이란 아기가 잠이 올 때 아기 스스로 누워서 잠들 수 있도록 만들어주는 교육입니다. 수면 교육이 잘 된 아기는 자야 할 시간에 눕히기만 해도 알아서 잘 잡니다. 나중에 조금 더 크면 아이는 스스로 침대로 가서 잠이 듭니다. 우리나라에는 이러한 아기 수면 교육 문화가 없었습니다. 그래서인지 최근에 부모가 된 사람들은 혼란을 느낍니다. 육아 책에서도 소아과 의사나 육아 전문가들이 아기 수면 교육의 중요성을 주장하는데, 아기를 키운 경험이 있는 사람들은 '우리 애는 안아서 재웠어', '그런 거 안 해도 우리 애는 잘 잤어'라고 말합니다.

> "수면 교육이요? 잠을 자는 것을 가르친다고요? 아기가 졸려서 울면 안아서 재우면 되지, 100일도 안 된 아기에게 무슨 교육을 하라는 건지 이해할 수 없네요."

수면 교육에 대해 고개를 절레절레 흔드는 사람들이 많습니다. 때가 되면 알아서 잘 텐데, 수면 교육이 필요하다고 말하는 요즘 젊은 세대들을 이해하지 못합니다. 수면 교육을 이해하고, 내 아기는 스스로 잘 수 있도록 가르치고 싶은 사람들도, 그런 교육을 아기에게 해본 사람이 주변에 없다보니 어떻게 해야 할지 막막하기만 합니다.

아기를 재우는 데 어려움을 느끼는 엄마들은 우리 아기가 예민한 건지, 아니면 아기에게 무언가를 잘못하고 있는 것은 아닌지 걱정이 많습니다. 부모인 자신을 탓하거나 유난히 예민한 것 같은 아기를 탓합니다. 사실 누구의 잘못도 아닌데 엄마는 좌절하고 우울함을 느낍니다.

수면 교육이 어려운 이유

• • •

아기가 잘 못 잔다고 해서 너무 고민하지 마세요. 사실 모든 아기는 잠이 오면 잠투정을 합니다. 백인 아기, 흑인 아기, 동양인 아기, 유럽에 사는 아기, 아시아에 사는 아기, 미국에 사는 아기, 아프리카 원시 부족의 아기 모두 마찬가지입니다. 아기의 잠투정은 인종이나 사는 곳과는 관계가 없습니다. 문화에 따라 잠투정에 반응하는 방식이 다를 뿐입니다.

수면 교육이 보편화된 유럽의 아기들도 잠이 오면 투정하며 웁니다. 만약 이때 엄마가 안아주려고 한다면 주변 사람들은 어떻게 반응할까요? 아마 할머니, 친구, 이모, 고모 할 것 없이 "아기가 지금 졸려하는데 왜 안아주면서 잠을 방해하니?"라고 하며 엄마를 말릴 것입니다. 같은 상황에서 우리나라는 많이 다릅니다. 우리나라는 잠이 와서 우는 아기를 안거나 업어서 재우는 문화를 가지고 있습니다.

우리의 육아 문화

- 아기가 울면 안아서 달래준다
- 아기가 울면 젖을 물린다
- 안거나 업어서 재운다
- 잠투정을 하면 안아주거나 업어준다

대부분의 부모는 자신이 받았던 양육 방식 혹은 다른 사람들이 조언해 주는 방법으로 아기를 재웁니다. 이처럼 우리나라에는 아기가 스스로 잠자는 수면 교육에 대한 문화가 없다 보니 젊은 엄마들이 혼란스러워합니다. 수면 교육에 대해 이해하고 실천하고 싶지만 문화가 형성되어 있지 않아 어려운 것도 사실입니다.

시행착오는 수면 교육 성공을 위한 과정

성공적인 수면 교육을 위해서는 부모가 먼저 수면 교육을 제대로 알아야 합니다. ==아기가 잠이 올 때 스스로 잘 수 있도록 해주는 것이 수면 교육의 기본입니다. 수면 교육에서는 아기가 잠이 올 때가 언제인지 아는 것이 중요합니다.== 아기는 자고 싶은 욕구를 말로 표현하지 못합니다. 부모는 아기의 울음이나 행동으로 아기의 잠이 오는 욕구를 알아내야 합니다. 잠이 올 때를 안다는 것은 아기의 다른 욕구와 잠이 오는 욕구를 구분해낼 수 있다는 뜻이기도 합니다.

　아기가 잠이 올 때는 어떻게 행동할까요? 아기는 잠이 와도 울고, 배가 고파도 웁니다. 초보 부모들은 처음부터 아기의 어떤 울음이 잠이 오는 울음이고, 어떤 울음이 배가 고픈 울음인지 알 수 없습니다. 그러므로 초기에는 아기가 울 때마다 안아줍니다. 자주 안아주다 보면 그때그때 아기가 원하는 것이 잠인지, 우유인지, 다른 불편함인지 느낄 수 있습니다. 안아주고 재워주는 경험이 쌓이는 과정에서 부모는 아기가 일어난지 1시간 만에 졸려 하는지, 2시간 만에 졸려 하는지, 졸린 것을 우는 것으로 표현하는지, 졸릴 때 눈을 비비거나 귀를 잡는지 등의 잠투정 버릇을 알아냅니다.

아기들은 개월 수에 따라, 수유하는 방법에 따라, 잠투정에 부모가 반응했던 방법에 따라 잠이 오는 신호를 다르게 표현합니다.

아기의 잠자고 싶은 욕구를 알아내기까지는 수많은 시행착오를 겪게 될 것입니다. 부부가 서로에 대해 알아가고 이해가기까지 여러 번의 시행착오가 있듯이 부모도 아기와 시행착오를 거쳐야 아기에 대해 더 잘 알 수 있습니다.

얕은 잠과 깊은 잠

"아기가 밤에 6번이나 깨요."
"1시간 간격으로 깨서 울어요."

사람이 자는 동안에는 얕은 잠(Rapid Eye Movement, REM)과 깊은 잠(Non-REM)이 교대로 이어집니다. 어른은 잠을 잘 때 얕은 잠 구간에서 몸을 뒤척이거나 잠꼬대를 합니다. 깊은 잠을 자는 중에는 옆에 누군가 다녀가도 세상모르고 잡니다. 아기도 얕은 잠과 깊은 잠을 교대로 잡니다. 안고 있던 아기가 잠이 들어 내려놓았는데 바로 눈을 뜨고 잠에서 깨어나 다시 안아줘야 했던 경험이 아이를 키우는 부모라면 누구에게나 있을 것입니다. 이는 아기의 얕은 잠 구간에서 내려놓았기 때문입니다. 깊은 잠 구간의 아기는 안고 있다가 내려놓아도 그대로 잘 잡니다. 아기를 내려놓았을 때 깨는 이유는 아기가 예민해서도, 등 센서가 발달해서도 아닙니다. 그때가 아기의 얕은 잠 단계였을 뿐입니다.

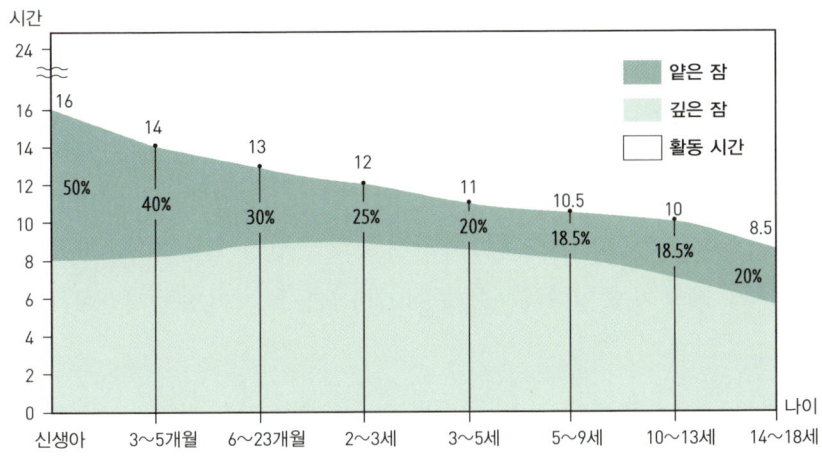

연령별 얕은 잠 & 깊은 잠 비중

　얕은 잠 단계에서 아기는 아직 몸을 뒤척이는 데 익숙하지 않아 몸이 움찔하거나, 손발을 버둥거리며 큰 소리로 울거나, 칭얼댈 수도 있습니다. 뒤집기, 기어 다니기, 앉고 서기를 시작한 아기는 얕은 잠 단계에서 잠을 자다 말고 자기가 할 줄 아는 행동을 하기도 합니다. 잘 자던 아기가 갑자기 잠에서 깨어 울거나, 뒤집거나, 기어 다니거나, 앉거나 서는 것을 볼 수 있습니다. 이때, 깊은 잠과 얕은 잠에 대한 인식이 없는 부모는 얕은 잠 단계에서 아기가 보이는 행동에 놀라 예민하게 반응합니다. 수유하지 않아도 되는 개월 수의 아기가 얕은 잠 단계에서 칭얼거리는 것을 배가 고픈 것으로 착각하고 수유하는 경우도 생깁니다.

　==아기의 잠이 깊은 잠과 얕은 잠으로 이루어진다는 것을 이해하면 수면 중 아기의 행동이 얕은 잠 단계에서 하는 행동인지, 아니면 진짜 부모의 도움이 필요한 것인지를 구분하는 데 도움이 됩니다.== 아기가 하는 행동이나 울음에 바로 반응하는 대신, 부모의 도움이 정말 필요한 상황

인지 관찰하는 것은 향후 부모의 도움 없이 스스로 자는 아이로 성장하는 데 필요한 과정입니다. 잘 자던 아기가 갑자기 깨서 하는 돌발 행동은 얕은 잠 단계에서 나오는 현상이므로 위험한 상황이 아니면 아기가 다음 행동을 어떻게 하는지 지켜보세요. 아기의 수면에 바로 개입하지 말고, 부모는 느리게 반응하면서 아기가 얕은 잠에서 깊은 잠으로 이어가는지, 짧게 자고 일어나는지 등 아기의 행동을 지켜보는 시간이 필요합니다.

부모는 아기가 밤새 몇 번이나 반복해서 깨는 것을 자연스럽게 받아들여야 합니다. 아기가 자다 깨서 우는 이유는 얕은 잠과 깊은 잠이 반복되는 아기의 수면 패턴 중 얕은 잠 구간에서 나오는 자연스러운 행동이라는 점을 인식하세요. 그러면 인내심을 갖고 아기를 끝까지 지켜볼 수 있는 내면의 힘이 생깁니다.

모로 반사

> "우리 아기는 모로 반사 때문에 잠을 잘 못자요."
> "모로 반사를 사라지게 하는 방법은 없을까요?"

만약 아기가 모로 반사(Moro Reflex)를 하지 않는다면 신경 장애를 의심해야 합니다. 모든 아기는 모로 반사를 합니다. 그럼에도 불구하고 모로 반사를 하는 아기의 행동은 부모를 자극합니다.

> ### 모로 반사를 할 때 아기의 행동
>
> - 놀란 사람처럼 고개를 떨듯이 흔든다
> - 무엇인가를 잡고 싶은 사람처럼 팔을 뻗어 떨면서 모은다
> - 다리를 들었다 놓는다

흔히 아기가 놀랐다고 표현하는 행동들은 모로 반사로 인한 것입니다. 이때 아기의 행동이 자연스럽다면 당황할 일이 없겠지만, 아기가 급격하게 떠는 행동은 부모의 마음을 불안하게 합니다. 거기에 모로 반사 후 눈을 동그랗게 뜨고 놀란 표정으로 터트리는 울음은 부모를 더욱 자극시킵니다. 정상적인 행동이니 걱정하지 말라는 의사의 조언에도 이를 지켜보기란 쉽지 않습니다. 그러다 보니 '육아는 장비발이다'라고 합리화하며 아기를 속싸개로 싸거나 모로 반사를 잡아준다는 아이템을 구입해 착용시킵니다.

모로 반사는 정상 반응이니 아기가 깊은 잠을 못자는 것 같다고 힘들어하지 마세요. 모로 반사는 수유를 마치고 기분 좋게 놀 때보다 잠을 자려고 할 때나 얕은 잠 단계에서 더 많이 나타납니다. ==아기의 모로 반사는 잠을 자고 싶어 한다는 의미로 해석해도 됩니다.== 아기가 얕은 잠 단계에서 모로 반사로 인해 깨서 운다면 바로 안아주거나 토닥이지 말고 지켜보며 기다리세요. 곧 팔과 다리가 이완되면서 깊은 잠에 빠지는 모습을 보게 될 것입니다.

자고 싶다는 표현을 읽자

사람은 잠을 충분히 자야 창조력과 집중력 그리고 자기 조절력을 발휘할 수 있습니다. 자고 싶다는 명령은 뇌가 합니다. 뇌는 규칙적으로 휴식을 원하고, 휴식이 필요할 때 자고 싶어 합니다. 뇌가 휴식이 필요하다는 신호를 신체에 보내면 아기는 이를 행동으로 표현합니다. 아기가 자고 싶은 것을 표현하는 것은 의지가 아닌 몸의 신호에 따른 반응입니다.

자고 싶은 아기가 보내는 신호

2017년 노벨 생리학·의학상은 생체 시계의 비밀을 밝혀낸 3명의 유전학자에게 돌아갔습니다. 이들은 사람을 비롯한 동·식물 세포 안에서 생리 현상을 주관하는 생체 리듬, 즉 하루 동안의 주기적 변화를 의미하는 '서캐디언 리듬(Circadian Rhythm)'을 집중적으로 연구해왔습니다. '서캐디언 리듬'이란 '24시간 주기'란 뜻으로 언제 식사를 해야 할지, 언제 자고 언제 일어나야 할지 등의 활동을 주기적으로 알려주는 기능을 말합니다. 이 연구를 통해 스스로 움직이는 시계태엽(Self-sustaining Clockwork)과 같은 생체 시계 메커니즘이 행동과 호르몬 분비량, 수면, 체온, 신진대사 등에 이르는 생리 작용 전반을 통제하고 있다는 사실이 밝혀졌습니다.

생체 시계는 아기에게도 존재합니다. 생후 30일 아기는 30일 아기 나름의 리듬이, 4개월 아기는 4개월 아기 나름의 리듬이 있습니다. 아침 7시에 일어나 낮에 활동하고 밤 10~11시에 잠자리에 드는 것이 성인의 리듬이라면, 4개월 아기에게는 아침 7시에 일어나 8시 30분이나 9시경 낮잠을 자는 리듬이 있다고 이해하면 됩니다.

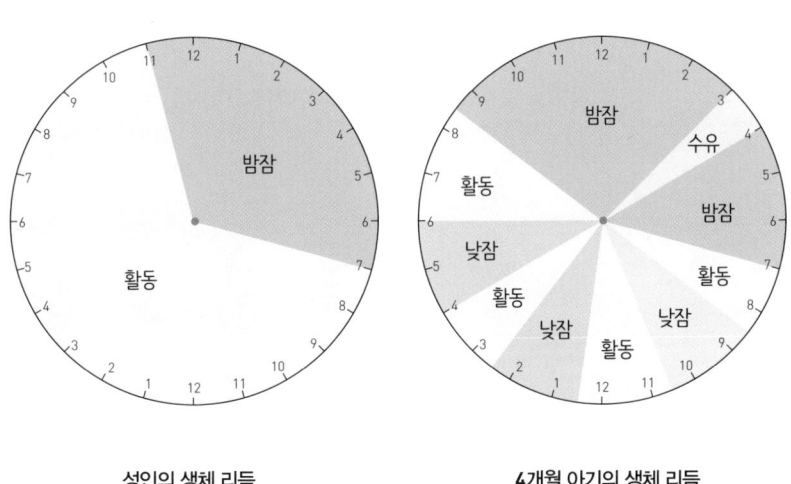

성인의 생체 리듬   **4개월 아기의 생체 리듬**

==생체 리듬에 맞춰서 먹고, 놀고, 자는 것은 아기의 건강을 위해 매우 중요합니다. 이 리듬을 놓쳐서 낮잠을 못 잔 아기는 흥분도가 올라가 더 크고 강한 울음으로 피곤함을 표현합니다.== 아기가 하품하거나 눈을 비비는 행동 등으로 자고 싶다는 신호를 보냈지만, 부모가 이를 알아채지 못하거나 배가 고픈 것으로 오해하여 잘못 반응하면 아기는 짜증을 내며 힘들어합니다. 아기 마음이 무엇인지 모르니 부모도 힘들어집니다. 그렇게 육아는 점점 어려워지고, 아기가 보내는 신호를 정확히 파악하는 과정이 부모에게는 어려운 숙제로 느껴집니다.

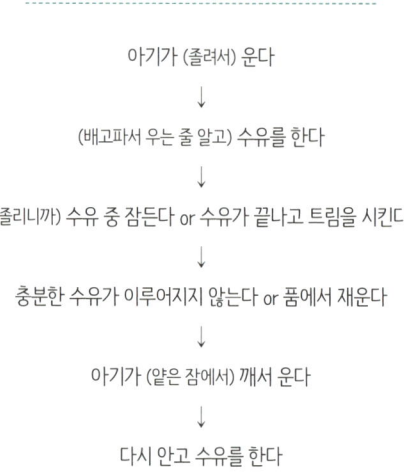

==아기의 생체 리듬을 맞추고 싶다면 수유할 때 아기의 배가 부를 때까==

지 제대로 먹여야 합니다. 그래야 충분히 공복을 유지한 다음 배가 고플 때 먹을 수 있습니다. 아기가 분유나 모유를 먹던 중 잠들어버리면 생체 리듬에 불균형이 생깁니다. 깨어있는 상태에서 배가 부를 때까지 충분히 먹은 아기는 수유가 끝난 후에 잠이 온다는 신호를 보낼 것입니다. 부모는 아기의 배부름이 파악되면 아기가 졸릴 때 보내는 신호를 알아채기가 수월해집니다.

아기의 수면 신호를 읽는 방법

생후 30일 아기를 예로 들어 아기의 수면 신호를 읽는 방법을 설명해보겠습니다. 수유를 제대로 했다면 아기는 2~4시간 간격으로 배고파합니다. 아침 7시에 일어나 모유를 먹는 데 30~40분 정도의 시간이 걸립니다. 분유를 먹으면 10~20분 정도 걸리게 되겠지요. 그 후 트림시키다 보면 다시 자려고 할 텐데 이때 아기를 바닥에 내려놓고, 잠은 품에 안겨서 자는 것이 아니라는 것을 가르쳐주어야 합니다. 바닥에 내려놓은 아기는 눈을 뜨고 울 수도 있습니다.

아직 트림하기 전이라면 다시 안고 등을 토닥이며 트림을 시켜줍니다. 아기가 트림을 하면 아기를 바닥에 내려놓고 눈을 마주치면서 잘 먹었는지 대화를 주고받습니다. 단 1분이라도 이런 시간을 가지면 아기가 졸릴 때 보내는 신호를 알아챌 수 있습니다. 먹고, 트림하고, 기저귀를 갈고, 눈 맞춤을 하다 보면 아기는 자고 싶다는 표현을 하는데 그 시간은 일어난 시간으로부터 약 40분에서 1시간 사이입니다. 이 리듬은 거의 매일 비슷하게 이어집니다. 그 신호를 놓치지 않고 침대로 데리고 가서 수면 의식을 하면 아기가 거의 울지 않고 잠드는 모습을 보게 될 것입니다.

생후 2개월이 되면 1시간에서 1시간 30분쯤 깨어 있습니다. 30일 아기와 비교해 낮에 깨어있는 시간이 30분 정도 늘어납니다. 이렇게 깨어있는 시간은 서서히 증가하고 나름의 생체 리듬 속에서 아기는 성장합니다.

아기마다 다른 수면 신호의 표현 방법

의식이 있는 상태에서 먹고, 엄마와 눈을 맞추며 놀던 아기는 자고 싶다는 욕구를 느끼고 표현합니다. 아기마다 자고 싶은 욕구를 느끼는 시간이나 표현하는 방법은 다르기 때문에 부모는 자신의 아기가 수면에 대한 욕구를 어떻게 표현하는지 찾아내야 합니다.

수면 신호를 찾기 위해 지켜야 할 규칙

- 배가 부를 때까지 충분히 먹인다
- 수유 중에 재우지 않는다
- 수유 후에는 트림을 시킨다
- 안고 트림시키는 도중에 재우지 않는다
- 잠들기 전 눈 맞추는 시간을 가진다

먹을 때 제대로 먹고, 트림한 후 기분 좋게 엄마와 교감하던 아기가 졸음을 느끼면 어느 순간 시선을 돌리거나 짜증을 냅니다. 또는 눈을 비비거나 힘이 없어집니다.

예를 들어 4개월 아기가 아침 7시에 일어났다면 다음 낮잠 예상 시간은 8시 30분에서 9시입니다. 1시간 30분에서 2시간 정도 깨어있는 동안 부모는 수유도 하고, 트림도 시키고, 기저귀도 갈아주고, 눈도 맞추면서 아기와 교감해야 합니다. 그러다 보면 아기는 행동으로 졸리다는 신호를 보냅니다. 이 시간이 매일매일 정확하지는 않을 것입니다. 이전 수면의 양과 질이 다음 수면에 영향을 주기 때문입니다. 아기의 낮잠 예상 시간은 8시 30분에서 9시 정도지만, 새벽에 자주 깨서 밤잠을 깊게 자지 못했다면 아기는 8시 30분이 아니라 8시부터 졸려서 하품할 수도 있습니다. 다양한 이유로 약간씩 변동이 생겨 어느 날은 1시간 만에도 졸려하고, 어느 날은 2시간이 지나야 졸려합니다. 자고 싶다는 행동은 누구나 하지만 그 시간은 아기마다 다릅니다.

개월수	낮잠 횟수	총 수면 시간
2개월	3~4회	14~17시간
3개월	3~4회	
5개월	3회	12~15시간
7개월	2~3회	
10개월	2회	
12개월	1~2회	11~14시간

월령별 일일 낮잠 횟수 & 총 수면 시간

앞의 표를 보면 3개월 아기는 낮잠을 3~4번 잡니다. 어느 날은 3번 자고, 어느 날은 4번도 잔다는 뜻입니다. 총 수면 시간은 14시간에서 17시간으로 약 3시간까지 차이가 납니다. 어느 날은 17시간 자고, 어느 날은 15시간 잡니다. ==아기의 수면 패턴은 수학 공식처럼 늘 정확하지는 않지만, 24시간 주기에 따라 아기의 생체 시계는 비슷하게 흘러갑니다.==

그러므로 아기의 신호를 읽을 때는 수면 시간과 행동, 이 두 가지를 같이 파악해야 합니다. 매일 아기의 패턴이 같지 않기에 수면 시간만 보면 그날에 따라 다른 아기의 행동을 제대로 읽지 못하고, 행동만 보면 초보 엄마 입장에서 확신을 갖기 어렵기 때문입니다.

아기의 욕구를 파악하자

양육에 필요한 것은 '조언'보다 '사실'입니다. 그리고 '사실'보다는 순간의 '확신'이 더 중요합니다. 사실을 알고 확신을 가지기 위해서는 아기가 우는 이유를 구분할 수 있어야 합니다. 아기는 성인처럼 말로 자신의 욕구를 표현하지 못하기 때문에 울음으로 욕구를 표현합니다. 배가 고플 때도, 놀고 싶을 때도, 잠이 올 때도 모두 울음으로 표현합니다. 관찰을 통해 아기가 언제 졸려하는지, 언제 먹고 싶어 하는지, 우는 이유가 졸려서 하는 잠투정인지, 아니면 다른 요구가 있는지 등을 파악해 보세요. 아기가 졸린 것이 '사실'이고, 부모가 그에 따른 '확신'을 가진다면 수면 교육은 성공할 수 있습니다. 나아가 육아에 자신감이 생기고 아이를 키우는 보람이 더욱 클 것입니다.

시계를 관찰하자

아기의 울음이 잠투정이라는 확신을 가지려면 어떻게 해야 할까요? 확신을 가지기에 앞서 사실 확인이 필요합니다. 아기의 행동만으로 '잠이 왔구나'라는 구분이 되면 좋겠지만, 대부분의 부모들은 아기의 행동만 보고 '아기가 졸리구나'라는 확신을 가지기가 어렵습니다.

아기가 울기 시작하면 일단 시계를 보세요. 아기가 깨어있는 시간이 어느 정도였는지 알면 '졸리구나'라고 확신하기는 어렵더라도 '졸릴 때가 되었구나'라는 짐작은 할 수 있습니다. 그런데 시계에만 집중하면 아기 마음을 파악하지 못할 수 있으므로 시계와 아기 행동을 함께 관찰해야 합니다.

수유 시간을 예측하기 위해 언제 먹었는지가 중요하다면, 잠 자는 시간을 예측하기 위해서는 언제 일어났는지가 중요합니다. 4개월 아기의 경우 일어난 뒤 1시간 30분에서 2시간 사이에 하품을 하거나 눈을 비비는 행동으로 잠이 오는 것을 표현하므로, 부모는 이때의 반응을 놓치지 말아야 합니다.

아래의 표에 따르면 2개월 아기는 낮잠과 낮잠 사이 1시간에서 1시간 30분 정도 깨어 있고, 9개월 아기는 2시간 30분에서 3시간 정도 낮잠을 안 자고 깨어 있습니다. 깨어있는 동안 아기는 먹거나 놀면서 시간을 보냅니다.

개월수	아침 기상 후 낮잠 간격	밤잠 전 깨어 있는 시간	낮잠 횟수
0~2개월	40분~1시간	1시간	4~6회
2개월	1시간~1시간 30분	1시간 30분~2시간	3~4회
4개월	1시간 30분~2시간	2시간 30분	3~4회
6개월	2시간~2시간 30분	3시간 30분	3회
9개월	2시간 30분~3시간	4시간	2~3회
10개월	3시간	5시간	2회
15개월	낮잠 1회인 경우: 5~6시간 낮잠 2회인 경우: 3~4시간	5~7시간	1~2회
24개월	4~5시간	6~8시간	0~1회

월령별 수면 간격 & 낮잠 횟수

행동을 관찰하자

아기가 언제 먹었는지, 언제 잤는지 체크할 때는 아기의 몸과 행동을 함께 관찰해야 합니다. 아기는 울음과 몸으로 자기의 마음을 표현합니다. 아기는 피곤하거나 관심이 없으면 고개를 돌리면서 다른 곳을 봅니다. 이렇게 시선이 다른 곳을 향할 때는 그 시선이 어디에 머무는지, 몸은 이완이 되었는지, 활발히 움직이는지 관찰하면서 잠시 기다려주세요.

==행동을 관찰할 때는 '지금 원하는 것이 무엇일까'라는 의문을 가지고 아기의 욕구를 알아내야 합니다. 단순한 짐작은 아기 마음을 아는 데 방해가 됩니다.== 부모가 보기에 배가 고픈 것도 아니고, 졸린 것도 아니고, 아픈 것도 아닌데 이유 없이 운다면 짐작하지 말고 아기의 세계로 들어가 사실이 무엇인지 관찰하세요. 졸린지, 배가 고픈지 사실을 구분해 낸 후 적절하게 반응해 줍니다.

잠이 오는 아기의 행동

- 하품을 한다
- 시선이 멍해진다
- 고개를 돌리면서 하던 행동을 멈춘다
- 자신의 머리카락을 잡는다
- 사람에게 머리를 비빈다
- 귀가 가려운 듯 손으로 만진다

　아기가 하품을 시작할 때 주의 깊게 관찰하세요. 연이어 2~3번 하품을 한다면 자고 싶다는 표현이니 바로 아기를 침대에 데리고 가서 눕힙니다. 이 타이밍을 놓치면 울음이 거세지고 짜증도 많아집니다.

　아기를 침대에 눕힌 후에는 눈을 보면서 부드럽고 차분하게 말을 걸어줍니다. 엄마와 눈을 맞추지만 적극적이지 않다는 느낌을 받을 수도 있습니다. 이때 아기의 양팔에 힘이 빠지는지, 엄마가 다리를 가볍게 마사지했을 때 다리 힘이 풀리는지, 온몸이 이완되는지를 관찰합니다. 행동을 보면서 진짜로 아기가 졸려하는지 확인하세요. 졸린 것이 사실로 확인되면, 아기가 울어도 그것은 잠투정이므로 부모에게 기다려주는 여유가 생깁니다.

　아직 모로 반사가 사라지지 않은 아기들은 화들짝 놀란듯이 양팔과 다리로 모로 반사를 한 후 더 강하게 우는 행동을 합니다. 모로 반사는 깨어 있을 때보다 잠을 자려고 할 때 특히 더 많이 나타나는데, 모로 반사 후 우는 울음이야말로 '잠이 왔구나'라는 확신을 가지는 데 중요한 단서가 됩니다.

앞서 설명했듯이 아기들은 얕은 잠과 깊은 잠을 교대로 잡니다. 얕은 잠 단계에서는 모로 반사 후 강하게 울기도 합니다. 이때 운다는 이유로 안아 올리면 안 됩니다. 몸으로 안아 올리면 아기가 어떤 행동을 하는지 관찰하기 어렵습니다. 눈으로 먼저 안아준 후 행동을 관찰합니다. 눈으로 안아주라는 말은 아기의 상태를 확인하라는 뜻입니다. 눈으로 안아주면 아기가 눈을 감은 채로 우는지, 눈을 뜨려고 하면서 우는지, 눈을 뜨고 우는지, 팔과 다리가 이완된 상태에서 우는지, 팔과 다리를 활발하게 움직이면서 우는지 등을 확인할 수 있습니다. 눈으로 안아주는 데 필요한 시간은 10초 정도입니다.

아기의 행동 언어를 관찰하자

언어 소통이 안 되는 아기들은 몸으로 소통합니다. 이를 '행동 언어'라고 합니다. 행동 언어는 체면도 없고, 배려도 없습니다. 매우 정직합니다. 아기는 마음과 욕구를 행동 언어로 보여주기 때문에 아기의 마음을 읽으려면 눈으로 아기의 행동 언어를 관찰해야 합니다. 단 몇 초만이라도 아기 행동 언어를 관찰하면 욕구가 보입니다. 자다 깬 아기의 울음소리가 크고 우렁찬데 눈이 감겨 있고, 팔과 다리가 이완되어 있다면 아직 몸에 잠이 남은 것이므로 기다려줍니다. 기다리는 시간이 10초가 될지, 10분이 될지는 아기 행동을 보면서 결정하면 됩니다. 기다리다보면 아기가 다시 잠이 들지, 일어날지 구분이 가능해집니다. ==안아줄지, 기다릴지는 부모가 결정하는 것이 아닙니다. 부모는 아기의 욕구를 읽고 그에 맞게 반응해야 합니다.== 아기 정서에 안 좋은 영향을 줄까 봐 울 때 바로 안아서 달래주는 것이 오히려 아기를 더 짜증나게 만듭니다. 가만히 두면 모로 반사 후 잠이 드는데, 안아줘서 짜증을 더 많이 내고 더 오래 우는 아기들이 정말 많습니다.

> 60일 아기가 1~2시간마다 젖을 찾으니 모유 수유가 힘들어져서 유축한 모유를 주기 시작했어요. 유축 수유를 할 때는 1회 먹는 양이 120~150*ml* 정도로 늘어 수유 간격은 벌어졌지만, 아기는 엄마가 유축을 할 새도 주지 않으려는지 안겨서만 잠을 자요. 모유 수유를 계속하고 싶었는데 어쩔 수 없이 단유를 하고 분유 수유로 바꾸었어요.

아기의 욕구를 잘못 파악하여 모유 수유를 포기하고 분유 수유로 전환한 엄마의 이야기입니다. 만약 엄마가 아기의 행동 언어를 읽으면서 수유를 했다면, 수유와 수면이 분리되었을 것입니다. 그랬다면 엄마의 바람대로 모유 수유를 지속할 수 있었던 안타까운 사례입니다.

수유를 관찰하자

아기는 출생 직후부터 의사를 표현합니다. 아기를 관찰해 보면 매우 적극적으로 타인에게 신호를 보낸다는 것을 느낄 수 있습니다. 먹을 때는 입으로, 잘 때는 몸으로, 놀 때는 눈을 맞추거나 소리로 자신의 욕구와 마음을 끊임없이 외부에 표현합니다. ==육아가 어렵고 힘이 드는 까닭은 부모가 아기의 욕구를 모르기 때문입니다.== 육아의 어려움을 줄이기 위해 반드시 부모는 아기가 먹어야 할 때와 놀아야 할 때 그리고 자야 할 때를 구분해야 합니다. 아기를 배부르게 먹이는 것이 이를 구분하기 위한 첫 단계입니다.

수유 중에 아기의 행동이 느려지며 그대로 잠들려고 하면 깨워서 끝까지 제대로 배부르게 먹도록 가르쳐야 합니다. 아기가 배부른 상태에서 운다면, 적어도 엄마는 '배가 고파 우는 걸까?'라는 생각을 덜 합니다. '조금 전에 잘 먹었는데 무슨 이유로 울까?'라고 생각하며 수유를 배제하고 아기를 관찰할 수 있습니다.

==아기의 수면은 수유와 분리되어야 합니다.== 수면과 수유의 분리가 비교적 자연스럽게 되는 분유 수유의 경우에도 트림시키려고 안아줄 때 아기가 그대로 잠들지 않도록 주의해야 합니다.

신생아 때부터 아기의 욕구를 듣기 위해 노력하세요. 자고 싶은 것인지, 먹고 싶은 것인지, 놀고 싶은 것인지 파악하려는 부모의 노력은 아기의 욕구를 인정해 주고, 존중해 주는 시작점이 됩니다.

울음소리를 관찰하자

아기의 울음에는 강약과 리듬이 있습니다. '으앙, 으앙' 하면서 우는 울음, '앙~~~~' 하면서 우는 울음, '흥~ 흥~ 흥~' 하면서 우는 울음, '앙~~~컥컥컥' 하면서 우는 울음 등 다양합니다. 아기는 매일 울지만 울음소리는 매번 다릅니다. 소리만 듣고 아기가 어떤 상태인지 부모가 척척 알아내면 좋겠지만, 아기의 마음을 알기란 그렇게 간단하지 않습니다. 부모에게 있어 아기가 어떤 생각으로 우는지, 원하는 것이 무엇인지 알아채고 적절하게 반응하기란 너무나 어려운 일입니다. 울음은 내면에서 보내는 신호이기 때문입니다. 말을 통한 소통이 안 되는 아기는 졸릴 때, 놀고 싶을 때, 먹고 싶을 때, 불편할 때 울음으로 타인에게 도움을 요청합니다. 몸에서 요구하는 각종 욕구를 울음으로 표현합니다. 체면과 배려도 없이 아주 적극적으로 전달합니다.

답답한 부모는 아기가 울면 배가 고픈가 싶어 수유를 시도합니다. 아기가 먹는 것을 거부하면 안고 흔들어 보고, 짐볼에 태워 보고, 공갈 젖꼭지도 물려봅니다. 그래도 계속 울면 부모의 마음은 점점 불안해지고 두려움과 걱정이 생깁니다. '영아 산통인가', '원더윅스인가', '이앓이인가', '낮에 손님이 왔었는데 불편했나' 등 생각이 많아지면서 어떻게 해서든 울음을 멈추게 하는 데 집중하며 온갖 노력을 쏟게 됩니다. 하지만 불안한 마음이 든다고 울음을 멈추게 하는 데에만 집중하면 아기의 울음이 어떤 욕구 때문인지 구분이 어려워집니다.

==울음에는 두 가지 종류가 있습니다. 부모가 반드시 즉각적으로 반응하고 해결해 주어야 하는 일반 울음과 느리게 행동하며 가만히 기다려줘야 하는 잠투정입니다. 일반 울음과 잠투정은 분명히 다르므로 이를 구분하는 것이 중요합니다.== 때문에 행동도 관찰하고 수유도 관찰하고 시계도 보라고 하는 것입니다.

방금 전까지 웃었던 아기라면, 조금 전에 배가 부르게 먹었다면, 기저귀도 젖지 않았고 트림까지 했음에도 불구하고 운다면 시계를 보세요. 자야 할 시간이 가까워졌다면 자고 싶을 때의 울음이라는 확신이 생길 것입니다. 아기가 울어서 불안하다가도 아기가 우는 이유에 대한 확신이 생기면 차분하게 반응할 수 있습니다. 아기가 울 때 다음의 표를 참고하여 아기의 욕구를 알아내시기 바랍니다.

수면 신호에 대처하자

<mark>아기가 먹고, 부모와 눈을 맞추고, 자는 등의 모든 활동은 아기가 원할 때 해야 합니다.</mark> 아기가 배고플 때 수유를 하고, 아기가 원할 때 눈을 맞춰주고, 아기가 자고 싶을 때 자도록 해야 합니다. 부모가 원할 때 하는 것도 아니고 부모가 원하는 방법으로 하는 것도 아닙니다.

아기는 배가 고프거나, 배가 부르거나, 졸린 욕구를 울음이나 몸짓, 눈빛을 이용해 적극적으로 표현합니다. 만약 아기의 욕구를 잘못 해석하면 아기가 졸려서 울 때 수유할 수도 있습니다. 욕구에 맞는 반응을 적절히 해주지 않으면 아기는 자신의 신체적 요구와 감정적 요구를 혼동하게 됩니다. 아기의 욕구 표현을 제대로 이해하고 그에 맞게 반응해 주어야 부모의 공감과 존중 속에서 아기의 정서도 건강하게 발달합니다.

수면 신호를 모르는 부모

. . .

저는 예준이 엄마입니다. 밤에는 1~2시간 간격으로, 낮에는 30분~1시간 간격으로 수유를 합니다. 친정 엄마와 시어머니는 예준이가 울 때마다 입에 손을 대보시고 입이 쫓아오면 배가 고픈 거라고 알려주셨습니다. 그래서 그럴때 마다 수유를 했습니다. 저도 수유를 하면 울음을 그치니 배가 고파 우는 것이라고 생각했습니다. 하지만 하루에 수유를 20번이나 하니 지쳐서 도망가고 싶어집니다. 모유 수유를 지속할 수 없어 분유 수유로 바꾸려고 시도했습니다. 그런데 예준이가 우유병을 거부해서 어쩔 수 없이 계속 모유 수유 중입니다. 어떻게 하면 예준이가 분유를 먹을 수 있을까요?

잦은 수유로 지친 예준이 엄마의 고민입니다. 저는 예준이 엄마에게 하루에 수유를 6번에서 많게는 8번까지만 할 수 있다면 모유 수유를 지속하겠느냐고 물었습니다. 그게 가능하다면 모유 수유를 그만 둘 이유가 없다고 합니다.

수유 횟수를 줄이기 위한 가장 첫 번째 노력으로 먹으면서 잠이 들려고 하는 예준이를 깨워가며 수유를 진행하게 했습니다. ==수유의 기본 원칙은 아기의 배가 충분히 부를 때까지 먹이는 것입니다.== 아기는 졸릴 때도 울지만, 소통하고 싶은데 눈을 맞출 사람이 없어도 웁니다. 이때의 울음을 배가 고픈 것으로 착각해 수유를 한다면 아기는 자신의 신체적 요구와 감정적 요구를 혼동하게 됩니다. 소통하고 싶은 마음을 울음으로 표현하는 아기에게 수유를 하면 외로움을 먹는 것으로 해결하는 사람으로 자랄지도 모릅니다. 성인이 된 후에도 자신의 감정이 배가 고픈 것인지, 외로운 것인지 혼동하게 될 수도 있다는 말입니다.

두 번째로는 예준이가 배가 부른 마음을 몸으로 표현하는 것을 관찰하라고 했습니다. "아기가 배가 부르다고 말을 하나요?"라고 묻는 예준이 엄마에게 "그럼요. 배가 부르게 먹은 아기는 입을 다물거나, 혀를 내밀거나, 고개를 돌리거나 하면서 몸으로 말을 한답니다. 예준이는 배가 부른 표현을 어떻게 할지 기대가 되는 걸요."라고 대답했습니다. 덧붙여 먹다 잠들지 않게 주의하며 수유는 반드시 아기가 깨어있는 상태에서 하도록 당부했습니다. ==아기가 젖을 먹는 것은 본능이지만 배가 부르게 먹는 것은 부모가 가르쳐야 할 부분입니다.== 그래서 먹는 중간에 잠들지 않도록 의식이 있는 상태에서 수유해야 한다고 조언해 주었습니다. 지금까지 예준이는 수유 중간에 잠이 들었지만, 조언에 따라 수유 중에 예준이가 잠들지 않도록 신경 쓰기 시작했습니다. 이렇게 의식적으로 수유를 했더니 예준이는 어느 순간 입술을 삐죽 내밀면서 젖꼭지를 밀어냈습니다. 배가 부르다는 표현을 처음으로 보여준 예준이를 보고 엄마는 크게 감탄했습니다.

배부름을 느끼는 것은 부모가 아니라 아기입니다. 배부름은 곧 만족입니다. 위장의 포만감은 뇌에 만족이라는 감정을 전달하는데, 아기는 이를 엄마에게 표현할 수 있습니다. 위장에서 배가 부르다는 것을 느낀 아기가 입으로, 몸으로 배부름을 표현하기 위해서는 의식이 있어야 합니다. 졸면서 먹는 아기는 의식이 없기 때문에 배가 부른 것을 표현하지 못합니다.

아기가 배부른 감정을 표현했다면, 엄마는 신호를 읽고 수유를 중단해야 합니다. ==엄마가 수유를 중단하는 기준은 수유한 양이나 수유한 시간이 되어서는 안 됩니다.== '몇 ml 먹었구나', '몇 분을 먹었구나'라고 하면서 수유를 멈추지 않아야 합니다. 먹다가 잠들어도 깨워도 끝까지 진행해야 합니다. 수유를 멈추어야 할 때는 아기가 안 먹겠다는 신호를 보낸 시점이어야 합니다. 이러한 과정에서 엄마와 아기의 진정한 소통이 이루어집니다. 아기는 자기의 욕구를 엄마에게 표현하고, 엄마는 아기의 욕구를 알아채고 인정해 주는 과정을 통해 아기는 엄마를 긍정적으로 인식하게 됩니다.

세 번째로 배가 부른 아기와 눈 맞춤을 하게 했습니다. 눈 맞춤을 하면 부모는 아기가 하품을 하거나 눈을 비비면서 보내는 수면 신호를 읽을 수 있습니다. 이 신호와 더불어 시계를 보면서 수면 간격을 체크하면 침대에 눕혀야 할 시점을 알게 됩니다. 부모는 아기의 자고 싶다는 욕구에 따라 아기가 스스로 잘 수 있도록 도와주면 됩니다.

예준이는 여전히 자고 싶을 때도 울고, 배가 고플 때도 울고, 엄마와 소통하고 싶을 때도 울지만, 엄마는 이제 예준이가 우는 이유를 읽을 수 있습니다. 즉 예준이가 울음으로, 몸으로 말하는 것이 들리기 시작한 것입니다. 그래서 예준이가 자고 싶을 때는 침대로 가고, 배가 고플 때는 수유를 하고, 소통하고 싶을 때는 눈 맞춤을 해줍니다. 그동안 수유 중에 잠을 잤던 예준이가 젖 없이 쉽게 잠들지 못하고 울 때도 있지만, 예준이가 우는 이유가 배고파서가 아니라 졸려서일 때는 더 이상 수유하지 않는다고 합니다.

아기는 먹을 때 제대로 배가 부르게 먹어야 하고, 놀 때는 집중해서 기분 좋게 놀아야 하고, 잠이 올 때는 누워서 자야 합니다. 부모에게는 이를 실현시킬 능력이 있습니다. 부모가 아기의 신호를 보려는 노력을 한다면 모든 것이 가능해집니다. 이러한 노력으로 모유를 충분히 먹었는데도 분유를 주는 실수도, 수면 문제를 수유 문제로 잘못 알고 단유하는 실수도 줄일 수 있습니다.

수면 신호에 반응하는 방법을 모르는 부모

"아기가 자고 싶다고 보내는 신호는 알겠어요. 그러나 이후에 무엇을 어떻게 해야 할지 모르겠어요."

모르는 것은 당연합니다. 우리나라 문화에서는 아기의 잠을 부모가 해결해 주는 것이 당연하기 때문입니다. 30년 전만 해도 잠이 와서 짜증을 내는 아기를 안으면서 '잠이 와, 잠이 오는구나, 젖 먹으면서 자자'라고 하거나, '엄마가 업어줄게'라고 하면서 포대기로 아기를 업고 재웠습니다. 안아주고, 업어주고, 젖을 주는 등 대체적으로 부모가 개입해서 잠을 재워주는 문화이지, 스스로 자도록 기회를 주는 문화가 아니었습니다.

최근에는 아기를 재우는 방법이 공갈 젖꼭지를 물리거나, 짐볼이나 바운서, 유모차에 태우는 등의 형태로 더욱 다양해졌습니다. 예전에는 엄마뿐만 아니라 고모, 이모, 할머니나 집안일을 돌봐주는 사람이 함께 육아를 도왔지만, 지금은 핵가족화로 엄마를 돕는 손길이 많이 줄어 장비의 도움을 받습니다. '육아는 장비발이다'라는 말을 증명하듯 다양한 장비가 육아의 현장에서 사용되고 있습니다. 그러다 보니 어제 짐볼에 태워 재운 아기가 오늘은 짐볼을 타도 잠들지 못하면 유모차에 태워 재웁니다. 유모차도 실패하면 공갈 젖꼭지를 주고, 그래도 울면 다시 수유를 하는 등 재울 때마다 여러 방법을 동원해 임시방편으로 반응합니다.

이러한 습관은 오히려 아기를 자극해 울게 합니다. 잠이 오면 그냥 자면 되지, 왜 이렇게 우는지 이유를 몰라 힘들어하는 부모의 입장에서는 참으로 답답한 노릇입니다. 아기의 입장에서는 자극이 되는 외부 환경 때문에 잠이 들기 어려운 것인데 부모가 그 이유를 몰라주니 더 오랜 시간 울게 되는 악순환이 반복됩니다.

아기는 자랄수록 체중이 늘어납니다. 처음부터 안아 달래던 아기가 무거워질수록 안아주는 부모도 힘들어집니다. 그러나 우리나라 부모들은 이마저도 아기를 위한 희생 또는 부모로서 당연히 해야 할 헌신이라고 여기며 '내가 조금 힘들더라도 아기에게 도움이 된다면 괜찮아'라고 생각합니다. 물론 아기를 위한 희생과 헌신은 부모에게 필요한 덕목입니다. 문제는 부모도 사람이기 때문에 한결같은 마음으로 일관되게 행동하기 힘들다는 점입니다. 부모의 컨디션이 좋을 때는 안아주다가 감정이 상하는 등 상황이 좋지 않을 때 짜증을 내거나 거부하는 듯한 태도를 보이면 아기는 혼란을 느낍니다.

양육은 부모가 하는 것이므로 아기의 잠을 재워줄 것인지, 아니면 스스로 자게 할 것인지 부부가 상의하여 결정해야 합니다. 그러나 많은 아기와 부모를 경험한 저는 아기가 스스로 자는 것이 엄마와 아기 모두에게 도움이 된다는 것을 알기에 부모의 개입 없이 아기가 스스로 잠을 잘 수 있도록 가르치기를 권유합니다.

엄마가 수유를 잘하면 아기는 주체적으로 잘 먹기도 하고, 덜 먹기도 합니다. 하지만 수면은 다릅니다. 실제 현장에서 보면 아기는 부모에 의해 잘 자거나 부모 때문에 힘들어합니다. 다시 말해 아기는 부모가 반응해 주는 방법에 따라 잠을 잡니다.

어떻게 수면 교육을 할까?

Q. 안아주거나, 젖을 주면서 아기를 재우는 것은 부모로서 당연히 해야 할 일이다.

☐ Yes
☐ No

YES를 선택했다면?
여러 방법을 사용하지 말고 아기가 안전감을 느낄 수 있도록 하나의 방법으로 잠자는 환경을 만들어주면 좋습니다.

NO를 선택했다면?
아기가 스스로 자도록 도와주고 싶은데 방법을 모르겠다면 '아기의 욕구를 파악하자'(p.35)를 다시 읽어보고 수면 신호를 이해하시기 바랍니다.

수면 신호가 짜증나는 부모

• • •

"아기에게 내 시간을 주는 것이 힘들어요. 커피 한잔 편하게 마시지 못하고, 자는 시간도 아기한테 맞춰야 해요. 내 생활이 전혀 없어서 어떤 날은 화가 나요. 엄마라면 물리적으로 공간적으로 심리적으로 나를 내려놓아야 한다는 것은 알아요. 하지만 아기가 울기 시작하면 모든 것을 다 희생하고 있는 나를 더 힘들게 하는 것 같아 짜증이 나요. 그래서 어떤 날은 아기에게 화를 내기도 하고, 거칠게 안아주거나 만질 때도 있어요."

양육을 족쇄처럼 느끼는 부모도 있습니다. 책임감을 가지고 집중하는 시간이 일방적인 희생으로 여겨지기 때문입니다. 화나 짜증이 나는 것은 자연스러운 감정이지만, 문제는 감정에 휩쓸려 아이를 대하는 손길이 거칠어지거나 짜증 섞인 목소리로 반응하는 것입니다.

==아기가 졸려서 울 때, 짜증이 난다면 아기를 바닥에 내려놓고 잠시 기다리세요. 감정이 상한 채로 아기를 안아주면 거친 손끝을 통해 부정적인 감정이 아기에게 전달됩니다.== 화가 난 상태에서는 이성적인 판단이 어렵고 아기의 욕구를 알아내기 힘듭니다. 아기가 까다로워서 잠을 못 잔다고 생각하거나, 아기가 짜증이 많다고 여기며 아기를 탓하기도 합니다. 그럼 아기는 더 많이 울고, 부모는 더 거칠어집니다. 화가 날 때는 잠시 아기를 바닥에 내려놓고, 본인의 감정부터 진정시킵니다. 천천히 숫자를 세거나 소리 내어 '무궁화 꽃이 피었습니다'를 말해보는 것도 감정 컨트롤에 도움이 됩니다.

> ### 짜증나는 감정 다스리는 방법
>
> 1. 오른손을 쫙 펴서 엄지를 시작으로 손가락 하나하나에 호흡을 보낸다.
> 2. 숨을 깊게 들이마시고 엄지를 향해 촛불을 끄듯 훅 하고 깊게 숨을 내쉰다.
> 3. 다음에는 검지를 향해 깊게 숨을 들이마시고 1~2초 정도 잠시 숨을 멈춘 후 다시 숨을 길게 내쉰다.
> 4. 위의 과정을 중지, 약지, 새끼손가락을 향해 반복한다.
> 5. 아기에게 '엄마가 너를 지켜줄 거야. 엄마는 너와 함께 있어. 엄마가 우리 아기 잘 자게 도와주고 싶은데 어떻게 도와주어야 할지 잘 모르겠어'라고 속마음을 이야기한다.

부모가 가진 정서적 문제 때문에 아기에게 기회를 주지 못하는 것만큼 안타까운 일은 없습니다. 자주 짜증이 난다면 그 원인을 찾아내세요. 양육으로 인한 수면 부족 때문인지, 주위 가족들의 도움이 필요하기 때문인지, 본인이 원래 짜증이 많은 사람인지, 아기가 부담스러워서인지 원인을 파악해야 문제를 해결할 수 있습니다.

아기의 잠투정에 대처하는 방법

아기가 잠투정을 하면 반응을 해야 할지, 기다려야 할지를 구분해야 합니다. 잠이 오긴 하지만 아기에게 아직 의식이 있는 상태라면 졸려서 힘든 아기의 감정에 공감을 해줍니다. 만약 잠이 와서 아기가 외부와 연결되는 것을 거부하고 울기 시작한다면 아기가 진정되기를 기다려

==주어야 합니다.==

잠이 와서 투정을 부리는 아기에게 공감해 주고 기다려주었던 경험은 아기가 성장한 후에도 영향을 미칩니다. 나중에 아기가 자신의 감정을 격하게 표현하면 부모는 아기의 욕구를 구분하면서 차분하게 반응하도록 도와줍니다. 아이스크림을 달라고 하는 아이의 요구를 부모가 지금은 안 된다고 거절하면 아이는 울 수 있습니다. 이때 부모는 무조건 아이스크림은 안 된다고 하기보다 "아이스크림이 먹고 싶은데 안 된다고 해서 화가 났구나."라고 하면서, "아이스크림은 밥을 먹고 나서 먹자."라고 행동에 대해서는 한계를 만들어 주지만, 감정은 공감해 주는 것이 중요합니다. 아기가 잠이 와서 짜증을 낼 때는 "잠이 와서 짜증이 나고 힘들구나. 한숨 자고 일어나면 엄마가 안아줄게."라고 하면 됩니다.

아기를 안아주는 것은 쉽습니다. 기다려주는 것이 어렵습니다. 배가 고프지 않을 때 수유를 하고, 울기 때문에 공갈 젖꼭지를 물려주는 것은 진정한 공감이 아닙니다. 아기가 우는 것을 가만히 지켜보는 것이 얼마나 힘들고 어려운지 잘 압니다. 아기가 울면 부모의 감정도 격해질 수 있습니다. 이때 부모는 자신의 감정 변화를 알아차리고 조율할 수 있어야 합니다. ==아기에게 스스로 잘 수 있는 기회를 제공하고 싶다면 잠을 자야 하는 주체는 아기이고, 부모는 잠들 수 있는 환경을 제공하는 사람이라는 것을 구분하는 것으로부터 시작하시기 바랍니다.==

아기를 키우는 것은 참으로 어려운 일입니다. 양육하는 과정에서 아기의 감정과 부모의 감정이 만나기 때문입니다. 부모는 아기가 자신이 원하는 만큼 먹어주기를 바라고, 자신이 원하는 시간에 자주기를 바라며, 키와 체중도 자신이 원하는 기준까지 자라고 늘기를 바랍니다. 부모의 진심과 사랑이 왜곡 없이 전달되어야 하는 과정에서 아기에게 바라는 것들이 부모의 욕심이라면, 부모와 아기와의 자연스러운 유대관계의 흐름이 깨지게 됩니다.

통곡 없이
잠 잘 자는
아기의 비밀

아기에게 올바른 수면 환경을 제공하자

학교 가는 아이에게 필요한 가방과 책을 사주고, 학교까지 아이를 데려다주는 사람은 부모지만, 학교에 가서 공부를 해야 하는 주체는 아이입니다. 학교에서 선생님의 역할은 아이를 가르치는 것입니다. 예를 들어 선생님이 아이에게 1 더하기 1은 2가 되는 원리를 가르쳐주면, 아이는 이를 이해하고 습득해서 스스로 생활에 적용할 수 있게 됩니다. 아기의 수면도 같은 원리로 이해하면 좋습니다. 아기가 잠이 온다는 욕구를 표현하면, 부모는 아기를 따뜻한 이부자리가 준비된 장소로 데려가 편안하게 잘 수 있도록 도와줍니다. 잠자리가 제공된 이후 잠이 드는 것은 아기가 해야 할 부분입니다.

==부모가 제공한 수면 환경은 아기의 수면 습관에 중요한 변수로 작용합니다.== 분유를 먹고 트림하던 중 잠이 들던 아기는 트림하다 잠드는 것을 수면 환경으로 받아들입니다. 이러한 경험에 익숙해진 아기는 잠이 올 때 사람 품에 안겨 트림하듯이 자고 싶어 합니다. 젖을 먹다 잠이 들던 아기는 젖을 입에 물고 잠드는 것이 수면 환경이 됩니다. 그렇게 잠이 들던 아기는 잠이 오면 젖을 입에 물며 자는 것을 좋아합니다. 결국 12개월이 넘어서도 밤에 젖을 수차례 찾는 아기가 됩니다. 이때 아기가 젖을 찾는 이유는 배가 고파서가 아니라 자고 싶어서입니다.

==마크==안타깝게도 대부분의 부모가 아기를 재우는 습관은 오히려 아기에게 불안감을 주고, 아기의 수면을 방해합니다. 바람직한 수면 환경에 대한 인식이 없기 때문에 올바른 수면 습관을 만들어주기보다, 당장 아기를 울리지 않고 재우는 것에 목적을 두기 때문입니다.== 그러다 보니 아기가 부모의 도움을 받지 않고서는 잠을 자지 못합니다. 경험이 부족한 부모는 자녀를 양육하는 기쁨을 누리기도 전에 육아 스트레스로 지쳐갑니다.

아기가 부모의 도움 없이 스스로 잠들기 위해서는 무엇이 필요할까요? 정답은 부모가 아기에게 제공하는 정서적 환경과 공간적 환경입니다. 사람이라면 누구나 본능적으로 자신의 안전을 중요하게 생각합니다. 아기에게는 안전한 환경과 더불어 보호받고 있다는 느낌까지 주어야 합니다. 보호는 안전과 비슷한 개념이지만, 안전이 환경이라면 보호는 사람과의 관계에서 발생한다는 차이가 있습니다.

부모는 의식하지 않아도 얼굴 표정으로, 목소리와 냄새로 그리고 기저귀를 갈아주는 손의 온기 등으로 아기에게 안전과 보호를 전달합니다. 부모로부터 안전과 보호를 전달받은 아기는 안정감을 느낍니다. 안정된 아기는 스스로 잠을 잘 수 있습니다.

정서적 환경

아기에게 전달되는 정서적 환경은 부모의 비언어적 표현과 반응입니다. 부모로부터의 눈 맞춤, 부드러운 터치, 따뜻한 목소리, 포만감 등을 제공받은 아기는 안정을 느낍니다. 부모도 아기의 시선, 얼굴 표정, 울음소리, 안았을 때의 행동 등에서 아기가 안정되었는지 파악합니다.

아기에게는 특별한 능력이 있습니다. 울음으로 부모의 시선을 자신에게 멈추게 합니다. 아기가 울면 부모는 아기가 우는 이유에 대해 깊게 생각하지도 않고, 울음을 멈추기 위해 모든 방법을 동원합니다. 그러나 육아에는 우선순위가 있습니다. 아기가 울 때는 울음을 멈추기 위해 달래주는 것보다 정서적 환경을 제공해 주는 것이 우선입니다. 부모가 안전과 보호라는 정서적 환경을 감각기관을 이용해 느낌으로 전달해 주면 아기는 스스로 울음을 멈추고 잠들게 될 것입니다.

눈 맞춤

배가 부르게 먹은 아기는 편안함을 느낍니다. 포만감으로 편안해진 아기의 얼굴을 바라보며 눈을 맞추는 것은 아기와 부모가 상호작용하는 시간으로 수없이 반복해서 이루어져야 합니다. 얼굴을 마주 보며 이야기 나누는 것은 부모와 아기 모두에게 최고의 놀이입니다. 눈을 보면서 놀이를 하다보면 아기는 눈을 몇 번 껌벅이다 잠이 들기도 하고, 때로는 의식이 또렷이 있는 상태에서 주변을 탐색하기도 합니다.

아기는 아직 시력이 발달되지 않은 상태이지만 다가온 이의 얼굴에 흥미를 가집니다. 사람의 얼굴에 빛이 비춰지면 음영이 생깁니다. 아기가 바라보는 사람의 돌출된 코, 눈썹, 눈동자, 깜빡이는 속눈썹, 웃을 때 생기는 주름, 짙은 머리카락, 밝은 피부 그리고 움직이는 입술은 아기에게 좋은 자극이 됩니다.

한 실험에서 태어난 지 1시간도 안 된 신생아에게 얼굴이 그려진 그림을 보여주었더니, 아기의 머리와 눈이 그림을 따라갔지만 눈, 코, 입만 뒤죽박죽으로 섞인 그림에는 관심을 보이지 않았습니다. 이 실험 결과를 통해 아기는 시중에서 판매하는 모빌보다 사람 얼굴을 보는 대면 놀이(Face to Face)를 더 좋아한다는 것을 예상할 수 있습니다.

시각적 경험은 아기의 뇌 발달에 중요한 역할을 합니다. 부모는 세모, 네모, 기하학적 모양의 흑백 모빌을 준비해 아기 침실에 매달아 놓기도 하고, 아기의 머리맡에서 전자동 인형이 달린 모빌을 보여주기도 합니다. 하지만 아기에게는 모빌을 보여주는 것보다 사람의 얼굴을 마주해 주는 것이 감정이나 언어, 지능 등의 지적 발달에 더 큰 도움이 됩니다. 사람의 얼굴은 변화무쌍하고, 아기와 상호작용이 가능하기 때문입니다. 아기는 사람의 다양한 표정에 반응하고 모방하면서 세상에 반응하는 법을 배웁니다. 아기에게 모빌은 필수가 아니지만 아기에게 부모 얼굴을 보여주지 않는 것은 문제가 됩니다.

1979년 앤드류 멜트조프(Andrew N. Meltzoff) 박사는 출생 후 42분 된 아기가 성인의 표정을 보고 따라하는 모방 능력이 있다는 것을 밝혀냈습니다. 2007년 발달심리학자 에드워드 트로닉(Edward Tronick)은 아기는 엄마의 편안한 목소리, 부드러운 신체 접촉, 익살스러운 표정, 눈썹을 움직이면서 눈 맞춤 하는 행동을 듣고 보고 느끼며, 숨소리와 심장박동 그리고 눈동자의 움직임으로 무언의 대화를 한다고 발표했습니다. 1996년 생리학자인 자코모 리촐라티(Giacomo Rizzolatti)는 공감 능력에 영향을 미치는 거울 뉴런(Mirror Neuron)은 반응하는 사람의 표정에 따라 발달한다고 했습니다. 아무리 사소한 시각적 변화라도 신경망에 지속적 영향을 미칩니다. 유전이 인간의 시력을 결정한다면 시각적 경험은 관찰력, 공간 감각, 눈과 손의 조화 등을 형성하는 데 중요한 역할을 하게 됩니다.

이들의 연구에 의하면 아기는 부모의 매우 다양한 표정을 모방하고 반응하면서 자신을 이해합니다. 또한 부모와의 눈 맞춤을 통해 정서적 안정, 자기 조절력, 자기 효능감, 자신과 타인에 대한 신뢰 등 애착에 중요한 여러 경험을 하게 됩니다.

아기는 눈을 보면서 이야기할 때 부모의 목소리에 더 열심히 몸을 움직이고 소리를 내면서 반응합니다. 태어나서 며칠 되지 않은 아기라도 눈을 바라보면서 집중하면, 아기는 눈을 깜빡이지 않고 주위 소리에도 전혀 반응하지 않으면서 오직 자신만을 바라보는 부모에게 집중합니다. 이때 아기의 집중력은 놀라울 정도입니다.

볼 수 있는 거리가 겨우 20~30㎝인 신생아가 사방을 둘러보기 시작했다면 이때를 놓치지 말고 아기와 눈 맞춤을 해보세요. 아기는 시야에 들어온 대상자를 뚫어지게 쳐다볼 것입니다. 신생아 시기에는 그 시간이 짧겠지만 아기는 점차 성장하면서 2개월 전후에는 30분 이상 응시하기도 합니다. 이를 '의무적 응시(Obligatory Looking)'라고 부릅니다. 아기와 오래 눈을 맞추는 중에는 전화벨이 울리거나 옆 사람이 말을 걸어와도 아기와의 눈 맞춤에만 집중하시기 바랍니다. 또한 아기가 눈을 깜박이지 않고 계속 쳐다보고 있을 때는 눈동자를 다른 곳으로 돌리면 안 됩니다. 아기가 충분히 눈을 맞추었다고 여기면 스스로 고개를 돌리거나 다른 곳으로 시선을 돌릴 테니 그때까지 기다려주는 게 좋습니다. 아기가 멈추면 부모도 멈추는 것입니다.

저는 산부인과 병실에서 근무할 때 부모들에게 아기와 눈 맞춤을 많이 하도록 강조했습니다. 실제로 아기와 눈 맞춤을 경험했던 부모들은 긴 시간 눈을 바라보는 것에 집중하는 아기를 보고 있는 것만으로도 심장이 두근거린다고 표현했습니다. 부모와 아기가 서로 바라보는 것은 눈이지만, 심장과 심장이 연결되어 만나는 시간이라는 느낌이 강하게 들었습니다.

아기는 누군가 자신을 바라보고 있다는 것을 느끼는 순간, 다른 곳을 향해 고개를 돌렸다가도 다시 제자리로 돌아와 자신을 응시하는 사람에게 눈을 맞춥니다.

아기가 가장 환하게 웃을 때 부모와 눈 맞춤을 해야 합니다. 아기가 이야기하고 싶어 한참 옹알이를 할 때도 부모는 눈 맞춤을 합니다. ==아기는 눈 맞춤을 하면서 자신의 감정과 욕구를 표현합니다. 의식이 또렷한 아기를 가만히 쳐다보고 있으면 아기가 잠이 올 때를 바로 알아==

챌 수 있습니다. 아기는 졸음이 오면 눈으로, 하품으로, 표정으로 먼저 표현을 합니다. 그래도 부모의 반응이 없으면 우는 것입니다.

이렇게 눈 맞춤을 자세히 설명하는 이유는 눈 맞춤이 인간의 상호관계에서 매우 친밀하고 강력한 의사소통 방식이기 때문입니다. 우리는 눈으로 화도 내고, 거절도 하고, 무시도 하고, 비웃기도 하고, 공격도 합니다. 반대로 자랑스러움을 전달하고, 기뻐하고, 연민으로 안쓰러움을 전달하고, 따스함을 전하고, 공감하고, 지지합니다.

시각은 생존을 위해 가장 중요한 감각 기관입니다. 태어나는 순간부터 부모는 아기의 눈에 이끌립니다. 본능적으로 아기와 눈을 맞추려고 고개를 숙여 아기를 들여다봅니다. 만약 부모의 눈 속에 공허함이 담겨 있다면 이를 바라보는 아기의 내면세계는 어떨까요? 부모의 눈이 아기를 거부하거나 우울하거나 텅 비어 있다면 아기는 잠을 자는 데 어려움을 겪습니다. 아기가 잠을 잘 자도록 도와주고 싶다면, 우선 아기의 정신적 환경이 안전한지 점검해야 합니다.

직접 보는 것이 듣고 만져볼 때보다 더 많은 정보를 뇌에 저장하기 때문에 눈 맞춤은 아기에게 안전하다는 것을 그리고 보호받고 있다는 것을 전달하는 가장 좋은 방법입니다. 깨어있는 시간 동안 아기는 시각적 자극인 눈 맞춤을 통해 자신이 얼마나 많은 사랑을 받고 있는지를 뇌에 저장합니다. 그리고 아기와의 눈 맞춤은 아기가 졸리거나 피곤하다는 신호를 행동으로 언제 어떻게 보내는지 부모가 읽어내는 데 도움이 됩니다. 아기의 눈을 보면 아기 마음과 욕구를 알아낼 수 있습니다.

부드러운 터치

• • •

60일 된 둘째를 양육하는 시각 장애인 엄마의 집에 방문한 적이 있습니다. 집에 도착했을 때 아기는 곤히 자고 있었습니다. 아기에 대해 이야기를 나누던 중 엄마가 갑자기 "아기가 잠에서 깼어요."라고 말하며 아기 침대로 천천히 이동했습니다. 침대로 가보니 아기는 정말 깨어나 혼자 부스럭거리면서 놀고 있었습니다. 아기의 미세한 움직임을 직접 눈으로 확인할 수 없는 엄마가 작은 소리만으로 아기의 상태를 알아채는 모습이 놀라웠습니다.

자다 깬 아기의 기저귀를 확인하는 과정에서 "제가 도와드릴까요?"라고 물었습니다. 엄마는 "나도 잘해요."라고 하면서 아기의 기저귀를 갈아주었습니다. 깜짝 놀랄 정도로 부드러우면서 능숙한 솜씨로 기저귀를 갈아주는 모습에 감동을 받았습니다. 저는 평소 엄마들을 만나면 기저귀를 얼마나 부드럽게 갈아주는지, 아기와는 어떻게 상호작용을 하는지 직접 보여주면서 설명합니다. 시각 장애인 엄마는 그렇게 하는 설명이 무색할 정도로 천천히 아기에게 다가가서, 아기 얼굴을 부드럽게 만지기 시작했습니다. 이마에서부터 턱까지 손끝을 자연스럽게 움직이면서 이동하며 얼굴과 눈, 입술, 볼 등을 만져보고, 몸을 만져보면서 아기의 기저귀를 갈아주었습니다.

엄마에게 자신의 신체를 온전히 맡기듯이 힘을 이완시킨 아기는 엄마를 향해 빙그레 웃어주는 듯한 편안한 표정으로 가만히 있었습니다. 몸을 이완한다는 것, 온전히 신체를 타인에게 맡긴다는 것이 어떤 것인지 지켜볼 수 있는 시간이었습니다. 그동안 수천 명의 아기들의 기저귀 갈아주는 모습을 봐왔지만, 이런 표정으로 엄마를 쳐다보는 아기는 처음이었습니다.

아기에게 모유 수유를 진행하는 과정도 너무나 자연스러웠습니다. 아기는 천천히 먹었고, 엄마도 천천히 수유하면서 기다려 주었습니다. 이 모든 과정 중에서도 가장 감동적이었던 부분은 시각 장애인 엄마가 아기와 눈 맞춤을 하고 있던 것이었습니다. 눈을 바라보는 상호 작용이 어려운 상황에서도 아기의 작은 신음에 반응하면서 교감을 하였습니다.

코칭을 하러 갔던 제가 오히려 배우고 왔던 경험입니다. 너무나 감동적인 순간이었기에 2년이나 지난 지금도 그때의 기억이 생생합니다. 저는 평소에 손길이 부드럽다는 자부심을 가지고 있었는데, 시각 장애인 엄마의 부드러운 손끝 앞에서는 반성이 되었습니다. 두 달 밖에 안된 아기는 그동안 어떤 엄마를 경험했던 것일까요?

==부드러운 터치는 아기의 수면에 필요한 정서적 환경을 제공하는 데 매우 중요한 부분입니다. 아기가 깨어 있을 때 부드럽게 만져주는 것은 아기 정서에 모유를 수유하는 것과도 같습니다.== 아기가 정서적으로도 배부름을 경험하는 순간입니다.

아기가 깨어있는 동안 아기와 눈 맞춤을 하면서 부드럽게 터치해 보세요. 부모가 아기에게 안전과 보호를 제공하고 있다는 사실이 전달될 것입니다. 부모의 따스하고 부드러운 손길이 닿으면 아기는 긴장이 풀리면서 몸이 이완됩니다. 몸이 이완된다는 것은 마음의 긴장이 풀어진다는 것을 의미합니다. 적극적으로 아기에게 반응해 주는 부모의 관심과 애정을 통해 아기의 심리적 욕구가 만족됩니다. 부모와 아기 사이에 깊은 정서적 관계가 형성되고, 아기가 편안하게 잠을 잘 수 있는 환경이 주어집니다.

사람은 외부로부터의 자극을 피부의 넓은 면적을 통해 지각합니다. 부드러운 터치는 부모가 아기에게 줄 수 있는 가장 따뜻한 선물입니다. 특히 잠의 욕구가 보일 때 부모가 손으로 아기의 몸 전체를 부드럽게 쓰다듬어주면 아기의 몸이 이완되는 것을 느낄 수 있습니다. 피부는 신체의 긴장도를 조절하는 기관 중 하나입니다. 부모의 따뜻한 손과 부드러운 터치로 교감 신경이 우위인 긴장과 불안의 상태에서 흥분을 가라앉히는 부교감 신경 상태로 변환하게 됩니다. 아기의 몸을 쓰다듬어 주거나, 안아주거나, 흔들어주는 것만으로도 뇌는 안정이 됩니다.

그래서 아기는 곰 인형을 좋아하고, 보들보들한 이불을 좋아하고 부모의 신체 일부를 만지면서 자는 것을 좋아합니다. 피부, 구강, 손 등으로 접촉을 원하는 것도 모두 같은 이유라고 할 수 있습니다. 만지는 것뿐만 아니라 엄지손가락을 물고 자는 아기도, 공갈 젖꼭지를 물고 자는 아기도, 안아주어야 자는 아기도 모두 피부를 통해 안전하다는 느낌을 받았기 때문입니다.

피부는 뇌와 똑같이 외배엽으로부터 형성되었기 때문에 드러난 '뇌'라고 표현합니다. 시각, 청각, 후각, 미각이 혼자서 경험하고 느끼는 것이라면, 피부가 느끼는 촉각은 반드시 외부 대상자가 있어야 하는 감각입니다. 공갈 젖꼭지라는 대상, 엄지손가락이라는 대상, 부모의 신체 일부, 곰돌이 인형, 애착 이불이 외부 대상자입니다.

프랑스 정신분석가 디디에 앙지외(Didier Anzieu)는 피부에도 자아가 있다고 말하며 피부의 감각은 감정의 기초가 되고, 최초의 심리적 공간이라고 했습니다. 피부를 통해 어릴 적에 꼭 안겼던 기억은 사람의 무의식에 남아 성인이 되어 힘들고 외로울 때, 외톨이가 아니란 것을 알려주고, 죽고 싶을 만큼 괴로울 때 지탱해 주는 힘이 된다고 합니다.

막 태어난 아기를 아빠에게 안겨주면 자신의 귀까지 아기를 올리면서 긴장된 모습으로 안아줍니다. 기저귀를 갈아줄 때 아기 발을 꼭 잡으면 아기가 불편해할까 봐 살짝만 잡고 있다가 아기 발을 놓치기도 합니다. 대변 묻은 엉덩이를 닦아줄 때도 아빠 손끝에 힘을 주면 아기 피부가 아플까 봐 조심스럽게 하다 보니 기저귀 갈아주는 것을 힘들어합니다. 그러나 이렇게 미숙한 손길에는 부드러움과 따뜻함 그리고 배려가 묻어 있습니다.

아직 미숙한 부모 중에는 능숙하게 기저귀를 갈아주고 수유를 하는 것이 아기에게 좋다고 생각하는 분들도 계시겠지만 사실은 그렇지만도 않습니다. 능숙하게 기저귀를 갈아주는 손길은 거칠 수 있고, 빠르게 처리하는 동안 아기가 표현하는 것을 미처 보지 못할 수도 있기 때문입니다. 아기는 언제나 손을 내밀고 있습니다. 부모에게서 어떤 종류의 터치를 받았느냐에 따라 불안했지만 안정이 될 수도 있고, 안정적인 상태였지만 불안해질 수도 있습니다.

아기는 목욕이나 마사지, 수유, 기저귀 갈기 등의 터치를 통해 신체 수준에서 깊게 느끼는 '신체적 공감'과 더불어 타인의 마음까지 지각합니다. 이해하고 인정하는 마음인지, 사랑하는 마음인지, 도와주고 싶은 마음인지, 안타까워하는지, 억압하는지, 폭력적인지, 귀찮아하는지, 불안해하는지 느낍니다. 부모 또한 아기를 안고 있는 몸을 통해 기저귀를 갈고, 수유를 하는 손길을 통해 아기의 마음을 지각합니다. 초보 부모도 아기를 부드럽게 터치하고 조심스레 대하는 것은 아직 언어적 소통이 어려운 아기가 촉각을 통해 부모를 경험한다는 것을 본능적으로 알고 있기 때문입니다.

==아기를 만지는 손길은 배워서 하게 되는 지식이 아닙니다. 감정입니다. 부모는 아기의 감정을 느끼고 조절하는 힘이 있습니다.== 아기는 몸을 통해 하고 싶은 말을 전달합니다. 기저귀를 갈아주는 손이 거칠면 몸에 힘을 주면서 버티기도 합니다. 안아주는 것이 싫으면 몸을 뒤로 활처럼 휘기도 합니다. 먹고 싶은 마음이 없는 아기는 입안에 우유병이나 젖꼭지가 들어오면 고개를 뒤로 빼면서 거칠게 물기도 합니다. 아기는 '나를 터치해도 좋다', '싫다'를 아주 적극적으로 표현할 줄 알고 있으므로 부모는 아기가 몸으로 표현하는 감정을 읽고 적절하게 반응해 주어야 합니다.

아기를 터치할 때는 부모의 감정을 조절합니다. 아기를 터치하는 과정에서 피부를 통해 고요와 평화 그리고 안정이 전달됩니다. 아기가 잠자리에 들 때는 아기가 안전한 상태이고 보호받는 느낌을 받도록 느리고 부드럽게 터치하며 따뜻한 감정을 전해주세요.

아기가 잠투정을 강하게 하면 부모의 감정도 당연히 요동칩니다. 감정이 요동치는 상태에서 이성을 찾고 진정할 수 있는 사람은 아기가 아니라 부모입니다. 부모의 감정도 불안하고, 두렵고, 걱정되겠지만 감정의 변화를 느꼈다면 조절해야 합니다. 감정의 변화를 무시한 채 불안을 느끼는 상태에서 잠투정하는 아기를 터치하면 손끝을 통해 불안한 감정이 아기에게 그대로 전해집니다. 그러므로 부모가 짜증이 나고 힘이 들 때는 아기를 바로 안아주기보다는 단 1~2초라도 잠시 심호흡을 하면서 감정을 조절하는 편이 좋습니다.

아기가 잠에서 깰 때는 적극적이고 경쾌한 터치로 부모의 상쾌하고

==밝은 느낌을 전해줍니다.== 피아노로 경쾌한 곡을 연주하듯이 힘은 주되, 부드럽게 다리를 만져주세요. 잠들 때 아기 몸을 이완시키기 위해 지긋이 터치했다면, 일어날 때에는 4분의 3박자 왈츠처럼 경쾌하게 만져줍니다. 아기는 잠이 들 때와 일어날 때가 다르다는 것을 부모의 터치를 통해 알 수 있습니다.

세상은 안전한 곳이라는 것을 아기에게 경험시켜주세요. 부모가 따뜻한 터치를 느끼게 해주면 아기는 자신이 속해 있는 현실이 따뜻하고 안전한 곳임을 인지하는 데 도움이 됩니다.

따뜻한 목소리

눈으로만 소통을 하던 아기가 어느 날 옹알이를 시작하면 부모의 가슴은 벅차오릅니다. 가만히 눈을 보면서 "사랑해."라고 짧게 이야기를 하면 아기도 대답을 합니다. 서로 대화하듯이 부모가 한마디 하면 아기도 옹알이로 답합니다. 신생아가 깨어 있을 때 눈을 가만히 들여다보면 아기도 부모를 뚫어져라 봅니다. 이때 부모는 부드러운 말투로 천천히, 느리게 그리고 부드럽게 따뜻한 목소리를 들려줄 수 있습니다.

우리는 아기에게 말을 걸 때 '아이구 예뻐라', '너무 예쁘다', '정말 예쁘네', '귀엽다' 등 존재에 대한 이야기를 많이 합니다. 물론 존재로서 아기가 사랑스럽다는 이야기를 하는 것도 중요하지만 현재를 이야기하면 더 좋습니다.

현재 아기가 토끼 옷을 입고 있다면 토끼 옷 이야기를 하면 됩니다. 명사를 사용해 옷 무늬는 어떤지, 옷은 무슨 색인지 등을 말해 주세요.

환상이나 가상이 아닌, 지금 현실에서 입고 있는 옷에 대해 이야기하는 것입니다.

아기를 낳은 부모는 아기와 어떻게 놀아주는 것이 좋을지 궁금해합니다. 아기와 눈을 보면서 이야기를 해보라고 하면, 한두 마디하고 나서는 할 말이 없다고 합니다. 무슨 말을 해야 할지 모를 때 쉽게 할 수 있는 주제는 주위 상황에 대한 이야기입니다. 실제 상황에 대한 이야기를 하는 것에 익숙해지면, 아이가 7살이 되어도 아이와 대화를 나누는 것이 편해집니다.

아이가 성장하면 "유치원 재미있었어?", "친구랑 잘 놀았어?", "선생님 말씀 잘 들었어?", "오늘 점심에 뭐 먹었어?"라는 질문을 하기보다는 "오늘 유치원 차에서 내릴 때 엄마한테 손 흔들면서 인사했지? 차에서 내리자마자 노란색 옷을 입고 있는 축복이가 제일 먼저 엄마 눈에 보였어."라는 말로 대화를 하는 것이 아이와의 소통에 더욱 도움이 됩니다. 아이가 아기였을 때부터 주위 상황에 대한 이야기를 자주 했던 부모는 나중에 커서 유치원을 다니는 아이와도 자연스럽게 소통할 수 있습니다.

아이를 평가하는 것이 아니라 있는 그대로 지금 무슨 일이 생겼는지에 대해서만 이야기하는 것을 추천합니다. 옹알이조차 하지 못하는 아기일 때부터 엄마가 눈 맞춤을 하면서 입고 있는 옷에 대해 설명하는 것이 습관으로 남게 하기 위해서입니다. 부모의 따뜻한 목소리는 눈 맞춤이나 부드러운 터치와 마찬가지로 아기의 마음을 안정시키는 중요한 환경입니다.

아기가 깨어 있을 때 따뜻한 목소리를 들려주는 것이 좋습니다. 수유를 하고 난 후 피드백을 주는 시간에 이야기를 해줍니다. 수유를 하고 난 후에는 현실 이야기와 존재 이야기를 하면 되고, 수면 의식을 할 때는 현실 이야기와 존재 이야기 그리고 환상 이야기까지 하면서 부모의 따뜻한 목소리를 들려주면 좋습니다(p.132~138 참고).

아기가 옹알이를 시작하면 대화의 주도권을 아기에게 넘겨주어야 합니다. 부모가 주도적으로 이야기를 끌어가는 것보다 아기가 옹알이를 할 때 부모가 따라하듯 말하면 좋습니다. 아기가 "~~~어어"라고 하면 부모도 "~~어~~~어~~~"라고 같은 음조로 대답하면서 반응하면 됩니다. 아기가 하는 소리를 들어보면 부드럽게 끙끙대기도 합니다. 그러면 부모는 부드럽게 "끙~~끙~~"이라고 같은 소리를 내되 대답의 의미를 담아 표현해 줍니다. 그 흐름에 집중하면서 다른 주제로 옮겨지거나 다른 환경이 개입되지 않도록 그 상황에 머무릅니다. ==아기의 소리를 부모가 따라 하며 감정적인 공감을 표현하는 것은 아기에게 관심이 있다는 뜻이고, 아기의 말을 귀 기울여서 듣고 있다는 뜻입니다.==

아기와 대화할 때 부모가 눈을 돌리지 않고 아기의 소리에 집중해 주어야 아기도 산만해지지 않습니다. 수유를 할 때 아기가 집중하는 모습을 보이면 그 상황에서 머물러주어야 하듯이 이야기를 할 때도 머물러 줍니다. 아기가 깨어 있을 때 이러한 정서적 환경이 주어져야 편안한 상태에서 잘 수 있습니다.

배부름

수면을 위한 조건 중 가장 중요한 것은 배부름입니다. 배가 부르다는 것은 실제로 일어나는 현실적인 경험입니다. 양육은 매우 실제적인 행동이 이어지는 과정입니다.

아기가 배고픈 상태인지 확신하지 못하는 부모는 아기가 울면 일단 수유로 문제를 해결하려고 합니다. 아침 6시에 분유 $200 ml$를 먹은 아기가 2시간 후에 울면 다시 수유를 합니다. 분유를 $200 ml$ 먹었다면 최소 4~5시간은 안 먹어야 하는데도 불구하고, 아기가 운다며 2시간밖에 지나지 않았는데 다시 수유를 합니다.

아기가 울면 부모는 신경이 예민해집니다. 잠을 자던 중이라도 아기가 울면 일어나 무슨 이유인지 살피게 됩니다. 이것은 본능입니다. 이때 부모의 감정이 안정적인 상태에서 아기가 우는 이유를 인지하려면 아기가 언제 얼마나 먹었는지 그리고 확실히 배가 부르게 먹었는지 확신이 필요합니다. 그래야 아기가 우는 것이 잠의 욕구인지 알아낼 수 있습니다.

아기의 수면에 부모가 개입하는 가장 큰 이유는 아기의 정서가 걱정되기 때문입니다. 아기가 정서적으로 혼자라는 느낌을 받으면 안 될 것 같은 마음 때문에, 방치하는 것은 아닌가 하는 마음 때문에 잠투정을 하는 아기를 안아 재우거나, 수유를 하거나, 공갈 젖꼭지를 물리는 등의 개입을 합니다. 그렇게 해야 아기도 방치된 느낌을 받지 않고 정서적으로 안정된 상태가 된다고 생각합니다. 하지만 아기의 정서를 안정시킨다는 이유로 배가 고프지 않은 아기에게 수유를 하는 행동은 오히려 아기의 정서에 부정적인 영향을 미칩니다.

안정적인 정서 발달, 즉 안정 애착 형성은 경험에 의해서 생기는 믿음입니다. 이를 위해서는 정서적으로 신뢰를 가지는 것이 중요합니다. 자신이 이해받고 있다는 믿음, 보살핌을 받고 있다는 믿음, 존중받는 경험 등이 안정 애착을 형성하는 데 도움이 됩니다. 아기는 부모를 통해 이러한 경험을 해야 합니다.

부모는 아기에게 먹을 것을 제공합니다. 먹을 것을 인격적으로 제공받은 경험은 아기가 엄마와 애착을 형성하는 데 중요하게 작용합니다. 배가 부르다고 표현하는 아기의 욕구를 알아내는 것도 애착 형성에 있어 중요한 부분입니다. 이러한 경험이 쌓이며 아기는 자신이 이해받고 있다고 느끼고, 이는 보살핌을 받고 있다는 믿음을 줍니다. 부모에게는 아기의 가장 기본적인 욕구인 배고픔을 충족시켜주었다는 자신감이 필요합니다. 만약 아기가 진짜 배가 고픈 상태인지 확신이 없다면, 졸려서 우는 것을 배가 고파서 우는 것으로 착각해 잠투정하는 아기에게 수유를 하게 됩니다. 이런 식으로 수유를 하면 수면과 수유가 혼재되어 어느 면에서도 안정적인 경험으로 남지 않습니다.

그렇기 때문에 부모는 아기가 매번 다른 욕구 때문에 울 수 있다는 것을 인지해야 합니다. 배고픔이 아기가 경험하는 실제의 느낌이라면,

졸린 것도 아기가 경험하는 실제의 느낌입니다. 수면 교육 문화가 없는 우리는 배부른 수유의 중요성이나 수유와 수면 분리의 필요성, 방법에 대해 배운 적이 없습니다. 그러다 보니 배가 고프지 않은 아기가 잠이 와서 울면 젖을 물려 재웁니다. 분유 수유하는 아기에게는 공갈 젖꼭지를 사용하거나 안아서 재우기도 합니다. 아기 수면 교육의 중요성을 인식하고 있는 사람도 정작 필요한 순간에는 반대로 행동하는 경우도 많습니다.

성공적인 수면 교육을 위해서는 아기의 배가 부르다는 확신이 필요합니다. 배부름이라는 확신은 아기가 원하는 욕구를 구분할 수 있다는 자신감과 올바른 수면 환경을 제공하는 데 도움을 줍니다.

공간적 환경

잠을 자려고 할 때 불이 환하게 켜진 방에서 누군가 옆에서 시끄럽게 뛰어다니고, TV가 켜져 있는 상태에서 전화벨까지 울린다면 잠들기 어렵습니다. 겨우 잠이 들더라도 금방 다시 깰 수밖에 없는 환경입니다. 배도 충분히 부르고, 정신이 안정된 상태라고 하더라도 이처럼 주위 환경이 안정적이지 않다면 숙면에 방해가 됩니다.

특히 아기에게는 공간이 주는 안전이 매우 중요합니다. 부모는 아기가 늘 같은 장소에서 잠들 수 있도록 도와주고 항상 동일한 조건의 수면 환경을 마련해 주어야 합니다. 아기는 빛과 소음, 온도가 적절하게 조절된 환경에서 수면 의식 속에 잠들어야 한다는 것을 명심하시기 바랍니다. 아기가 편하게 잠을 잘 수 있는 조건을 만들면 아기 생체 시계의 리듬을 알아내고 일정하게 맞출 수 있습니다.

놀 때는 밝게, 잘 때는 어둡게

8개월 된 시은이는 낮잠 자는 것을 무척 힘들어합니다. 시은이는 넓은 창을 통해 거실 가득 환한 햇살이 들어오는 아름다운 전원주택에 살고 있습니다. 시은이의 방에도 눈이 부실만큼 햇빛이 가득 들어옵니다. 시은이 방 창문에는 하얀 레이스로 된 얇은 커튼이 달려 있습니다. 이렇게 환한 곳에서는 낮잠을 자기 쉽지 않다는 것을 시은이 부모님은 미처 생각하지 못했나 봅니다. 잠을 잘 때는 어느 정도 빛을 차단하는 것이 좋기 때문에 암막커튼을 사용할 것을 제안했습니다. 그러나 시은이 부모님은 심혈을 기울여 예쁘게 꾸며놓은 아기 방에 암막 커튼을 설치하는 것이 영 내키지 않습니다. 암막 커튼이 전체적으로 밝은 집 분위기에 어울리지 않기 때문입니다.

인간의 대뇌는 감겨 있는 눈꺼풀을 통해 들어오는 빛의 신호에도 아주 민감하게 반응합니다. 눈을 통해 뇌 속으로 들어온 빛의 효과는 감정 뇌의 중심에 있는 시상하부라는 특정 세포군에 직접적으로 전달됩니다. 자는 동안 약한 한줄기 빛이라도 눈꺼풀 위를 스친다면 시상하부는 잠에서 빠져나와야 할 시간이 되었다는 메시지를 받게 됩니다. 수면 호르몬인 멜라토닌의 분비는 밤에 침대 머리맡의 조명을 끄고 난 몇 분 후부터 시작됩니다. 이 분비 작용은 밤새 계속되다가 새벽에 조금이라도 빛에 노출되면 단 몇 초 사이에 중단됩니다.

밤과 낮이 바뀌어 낮에는 잘 자고 밤에는 잠을 못 자는 아기들의 수면 습관을 바로잡기 위해서는 낮에 환하고 밤에 어두운 환경을 만들어 주어야 합니다. ==자연의 리듬에 맞춰 아기가 자고 있더라도 아침 7시에는 환하게 하고, 아기가 깨어 있더라도 저녁 7시에는 어둡게 하는 것을 신생아 시기부터 해주면 좋습니다.== 그렇게까지 하는 것이 어렵다면 적어도 잠들기 1시간 전부터 조명을 부드러운 빛으로 바꿔주어야 합니다. 빛의 에너지를 사용해서 밤과 낮을 구분해 주어야 생체 시계가 맞춰지기 때문입니다.

요즘의 주거 공간은 조명이 화려합니다. 낮에는 환하게 하는 것이 좋고, 밤에는 어둡게 하는 것이 좋지만 낮 시간에 형광등 3~4개에 포인트 조명까지 켜놓는 것은 아기에게 매우 치명적입니다. ==낮에 필요한 빛은 인공조명이 아니라 창문을 통해 들어오는 햇볕입니다. 특히 낮 동안의 햇빛은 저녁에 아기가 깊은 잠을 자도록 도와줍니다.==

저녁에는 자연스럽게 어두워질수록 좋습니다. 인공조명의 노출을 제한하는 것이 쉽지 않겠지만, 아기가 저녁 내내 우는 것을 예방하려면 태양계의 움직임에 따라 집안 불빛을 조절해야 합니다. 밖은 어두워지는데 집안이 깜깜하다고 밝게 불을 켜는 것은 아기의 잠을 방해합니다. 저녁의 조명은 스탠드 불빛이나 수면 램프 정도가 좋습니다.

지금은 24시간 빛을 마음대로 다룰 수 있는 시대입니다. 그러므로 부모는 빛을 의도적으로 조절해 주어야 합니다. 현대 사회의 문명은 발달했지만, 수면만큼은 원시시대와 비교해 달라진 것이 없습니다. 우리는 자연계의 리듬을 존중해야 합니다. 사람에게 중요한 태양빛은 생체 기능을 조절합니다. 음식물에 대한 욕구뿐 아니라 새로운 것에 대한 탐구의 욕망까지도 조절합니다. 인간의 몸에는 생체 시계라는 것이 있습니다. 이 생체 시계로 인해 우리는 밤에 자고 낮에 생활하는 패턴을 갖게

됩니다. 아기는 4개월만 되어도 밤에 7시간을 안 먹고 잘 수 있고, 6개월이면 되면 9~10시간을 안 먹고 잠을 잘 수 있습니다. 밤에도 2~4시간마다 깨서 젖을 먹던 아기가 불과 4~6개월 만에 밤에 먹지 않고 오랜 시간 잘 수 있는 능력이 생깁니다. 이렇게 생체 기능 조절 능력에 영향을 주는 것이 바로 태양빛입니다.

 아기가 밤늦도록 잠을 자지 않는다고 어려움을 호소하는 부모들이 많습니다. 빛을 조절하면 밤낮이 바뀌었거나 밤에 늦게 잠드는 아기의 문제가 빠르게 해결됩니다. 불을 끈다는 것은 자야 할 시간이고 불이 켜져 있으면 활동해도 된다는 것을 아기는 배웁니다.

 침대에 들어간 이후에도 조명은 여전히 중요합니다. 디지털시계가 벽에 걸려 있거나, 수유 등이 환하게 켜져 있는 것은 잠을 방해합니다. 잠들려는 아기 옆에서 보고 있는 스마트폰의 빛도 잠을 방해합니다. 본능적인 수면 패턴을 교란하고 잠잘 자유와 잠을 자는 능력을 빼앗아 가지 않도록 부모는 빛 조절에 신경 써야 합니다.

자고 일어나는 것은 같은 장소에서

저는 20년 넘게 같은 집에서 살고 있습니다. 외출에서 돌아오는 길이면 집 근처 마지막 신호를 받고 좌회전을 할 때부터 마음이 편안해집니다. 사람들은 익숙한 장소에서 편안함을 느낍니다. 이러한 느낌은 사람들의 수면에도 적용되어, 어른들도 낯선 장소에서는 편하게 잠이 들기 어렵습니다.

==아기가 잠이 드는 장소는 항상 일정해야 합니다. 잠을 잘 때의 환경이==

<u>바뀌면 아기는 혼란을 느낍니다. 아기의 수면에서 가장 중요한 것은 사물과 환경이 주는 안전한 느낌입니다.</u> 부모는 아기가 잠이 들 때의 환경과 잠에서 깨어났을 때의 환경이 동일하게 유지되도록 배려해 주어야 합니다.

　출산용품으로 아기 침대를 마련했지만, 정작 아기를 거실에서도 재우고, 부모 침대에서도 재우고, 사람 품에서도 재우는 경우가 많습니다. 아기를 재울 장소는 아기가 태어나기 전부터 고민해야 할 부분입니다. 엄마 뱃속에서 나온 아기에게 이 세상은 매우 낯선 곳입니다. 만약 아기가 잠을 자는 곳이 이번에는 거실, 다음에는 엄마 품, 다음에는 부모 침대, 그 다음에는 아기 침대와 같이 매번 바뀐다면 아기는 쉽게 잠

들지 못하고 흥분하면서 울 수 있습니다. 아기 침대에서 재울 것인지, 범퍼 침대에서 재울 것인지, 부모와 같은 방에서 재울 것인지, 아기 방에서 재울 것인지를 결정했다면 늘 같은 장소, 같은 침대, 같은 이불에서 잠들고 일어나게 해주어야 안전함을 느낍니다. 이는 심리적 안정으로 이어지게 됩니다. 같은 장소에서 잔다는 의미는 수유 중 엄마 품에서 잠들지 않아야 한다는 것도 포함합니다. 엄마 품에서 젖을 먹다 잔 아기들은 졸릴 때 다시 엄마 품에서 젖을 먹으려 합니다. 엄마는 아기가 배가 고파 젖을 찾는다고 생각하지만, 사실은 아기가 젖을 먹는 엄마 품을 자는 장소로 인식하기 때문입니다.

아기는 깊은 잠과 얕은 잠을 번갈아 자는데 언제나 문제 상황은 얕은 잠 단계에서 발생합니다. 잠이 들 때는 엄마 품이었는데 중간에 얕은 잠 단계에서 깨어났을 때 아빠 품이라면 아기는 울기 시작합니다. 엄마가 다시 안아주어야 진정하고 잠을 잡니다. 아빠 품에 안겨서 잠들었다가 침대에서 눈을 떠도 아기는 웁니다. 그때는 다시 아빠가 안아주어야 진정하고 잠을 자게 됩니다. 이러한 혼란은 부모 또한 힘들게 만드니 부모 자신을 위해서도 아기가 동일한 장소에서 잘 수 있도록 신경 써야 합니다. 잠자는 환경이 동일할 때 아기는 안전함을 감각적으로 느낍니다. 이런 원칙들이 일관성 있게 지켜질 때 아기에게는 공간에 대한 질서가 생기며 안정적인 느낌을 받습니다.

동일한 환경만큼 중요한 몸 경험

아기를 침대로 데려다주고, 안전한 수면 환경을 만들어주는 것은 부모가 해야 할 부분이지만, 잠은 아기가 스스로 자는 것입니다. 아기가 등을 바닥에 대고 스스로 잠들 수 있는 기회를 주는 것은 아기를 한 인격체로 존중하는 첫 번째 단계입니다. 아기의 수면에서는 언제나 동일한 환경을 제공하는 것과 더불어 등을 바닥에 대고 자는 몸 경험도 중요합니다. 지금까지 우리 문화에서는 아기를 포대기로 업어주거나, 젖을 물리거나, 안고 흔들면서 잠을 재우는 것이 당연했기 때문에 아기를 침대에 눕혀 스스로 자도록 하는 것이 낯설 수 있습니다. 처음부터 바닥에서 잠드는 것을 경험하지 못했던 아기에게는 당연히 적응할 시간이 필요하겠지만, 동일한 환경에서 등을 바닥에 대고 누워서 잠드는 경험이 쌓이면 같은 환경에서 특별한 노력 없이도 편하게 잠을 잘 수 있는 능력이 생길 것입니다. 반복된 경험을 통해 아기의 뇌가 그 환경이 안전하다고 인지하기 때문입니다.

같은 장소에서 재울 수 없는 상황이라면

방이 하나밖에 없는 집에서 살던 가족은 아기가 13개월이 되자 아기 방을 마련해 주기 위해 이사를 했습니다. 이전 집에서 사용하던 침대용 범퍼는 정리하고, 아기 방에 새로 구입한 원목 침대를 들였습니다. 이불과 깔개 등도 모두 새로 장만한 것으로 꾸몄습니다. 아기는 방에서 잘 놀았지만, 이상하게 밤만 되면 현관 앞으로 기어가서 울었습니다. 이사한 지 일주일이 지나도록 아기는 매일 밤 현관까지 기어가서 한참을 울고 있습니다.

잠잘 시간이 된 아기가 현관 앞에서 우는 이유는 낯선 환경과 익숙하지 않은 물건에서 불안을 느끼기 때문입니다. 이사 때문에 아기의 방과 가구를 바꿔야 한다면, 침구만큼은 아기가 이전에 쓰던 익숙한 것을 사용하는 것이 아기에게 도움이 됩니다. 아기가 좋아하는 인형이나 물건들이 있다면, 깨어있는 시간에 새 침대에서 아기와 뒹굴며 놀게 해주세요. 그리고 아기가 새로운 환경에 익숙해질 때까지 당분간은 손님 초대를 자제하는 것이 좋습니다.

이사가 아니더라도 여행을 가거나 시댁 또는 친정에서 머물러야 하는 등 어쩔 수 없이 다른 곳에서 아기를 재워야 하는 상황도 생깁니다. 이럴 때도 평소 사용하던 침구를 챙겨 이동하는 것이 좋습니다. 애착 인형이나 애착 이불은 익숙하지 않은 곳에서 잘 때 아기의 수면에 큰 도움이 됩니다.

잘 때는 선선하게

매슈 워커(Matthew Walker)는 저서 《우리는 왜 잠을 자야 할까?》에서 잠을 잘 때의 온도가 수면에 매우 중요한 영향을 미친다고 주장하였습니다. 일반적으로 더운 방보다는 추운 방에서 잠들기 더 쉽습니다. 방의 온도가 12.5℃ 미만이라면 추워서 잠들기 어렵겠지만, 따뜻한 이불이나 잠옷이 갖춰진 상태에서 사람에게 가장 이상적인 침실 온도는 약 21~22℃입니다. 성별, 나이 등 개인의 특성에 따라서 달라지긴 하지만 평균적인 사람에게 맞는 온도라는 것입니다. 실내 온도와 속싸개, 이불 그리고 몸을 감싸는 옷은 몸의 온도에 직접적인 영향을 미치면서 수면과 연결됩니다.

　인간의 체온에는 '피부'와 '심부'가 있습니다. 심부 체온은 신체의 중심 온도를 의미하는데 심부 온도가 1℃ 내려가면 신진대사율이 13% 정도 떨어지게 됩니다. 그렇기 때문에 잠을 잘 때는 심부 온도가 1℃쯤은 떨어져야 금방 잠드는 데 도움이 됩니다. 아기들이 목욕 후 잠을 잘 자는 이유도 이 때문입니다. 몸을 물로 씻으면 피부 표면의 있는 열을 빼앗기면서 심부 온도가 낮아져 목욕 후에는 잠들기 쉽습니다.

　엄마가 추위를 타는 경우 아기는 더운 환경에 자주 노출됩니다. 아기가 춥지 않도록 해주려는 부모 마음은 잘 알지만, 더운 것은 쾌적한 것과는 다릅니다. 또한 아기가 입는 스와들업이나 수면 조끼의 두께 등도 수면 온도에 영향을 줍니다. 내복에 스와들업까지 입는 것과 내복만 입는 것도 차이가 큽니다. 여기에 머미쿨쿨까지 덮어준다면 실제 아기가 자는 온도는 방의 실내 온도보다 훨씬 높아집니다. 겨울에는 침대에서 자는 것과 방바닥에 요를 깔고 자는 것도 차이가 있습니다. 또한 침대가 창가 쪽에 있는지 아니면 창가와 멀리 있는지 등 위치에 따라서도 온도에 영향을 줍니다.

　그러므로 부모는 온도계뿐 아니라 아기가 자는 장소의 체감온도까지 살펴봐야 합니다. 부모 중 한쪽의 느낌보다는 엄마와 아빠가 함께 아기가 자는 환경의 온도를 어떻게 느끼는지 의견을 종합하여 객관적으로 관찰하는 것이 좋습니다.

애착 인형을 만들어줘라

• • •

중간 대상이란 아기가 처음으로 갖는 소유물로 인형, 부드러운 천 기저귀, 엄마 옷, 이불 등이 될 수 있습니다. 애착 인형, 애착 이불, 애착 물건이라고 표현하기도 합니다. 이러한 애착 물건은 엄마가 의도해서 만들어주기도 하지만, 아기가 늘 덮고 자던 이불이 우연치 않게 애착 이불이 될 수도 있습니다. 아기가 어떤 것을 애착 물건으로 선택할지는 시간을 가지고 지켜보면 됩니다.

엄마가 아기를 위해 고심해서 물건들을 준비하는 것에 비해, 아기의 관점에서 물건의 형태는 그다지 중요하지 않습니다. 그저 아기에게는 엄마처럼 자신을 달래주고 안심시켜줄 수 있는 냄새, 부드러운 촉감, 따뜻한 느낌이 필요할 뿐입니다.

아기를 위해 손수 인형을 만들어주고 싶다면, 잘 움직이면서 부드럽고 폭신하게 만들면 됩니다. 뻣뻣한 천은 적당하지 않고, 솜을 너무 많이 넣어서 단단해지지 않도록 주의해야 합니다.

제3장

통잠을 부르는 우리 아기 생체 시계 설정법

모든 사람에게 하루 24시간이 규칙적으로 주어집니다. 누구에게나 공평하게 주어지는 시간이 흐르면서 우리는 나이를 먹게 됩니다. 아기가 24시간을 30번 경험하면 생후 30일 아기가 되고, 24시간을 3,650번 경험하면 10살 어린이가 됩니다. 사람은 24시간을 여러 번 경험하면서 성장하여 시기에 맞게 걷기도 하고, 학교에 가기도 합니다.

 2개월 아기는 낮에 1시간에서 1시간 30분 정도 깨어 있으면 졸려하지만, 6개월 아기는 낮에 2시간에서 2시간 30분 정도 깨어 있다가 졸려합니다. 30일 아기가 밤에 4시간 이상 안 먹고 잔다면 깨워서 수유를 해야 합니다. 10개월 아기는 낮잠을 2번 정도 자고, 밤에는 10시간 정도 먹지 않고 잘 수 있는 능력이 생깁니다. 아기가 12개월이 되면 낮잠을 1~2번만 자도 됩니다. 2개월 때는 밤에도 수유를 하지만 12개월이 되면 밤에 먹지 않아도 되어 중간에 먹지 않고 12시간을 잘 수 있습니다. 이처럼 24시간 동안 적절한 수면 시간, 수유 횟수, 활동량 등은 개월 수나 나이에 따라 다릅니다. 누가 가르쳐준 것도 아닌데 성장하면서 낮에 깨어있는 시간은 점점 길어집니다. 월령별, 나이별로 생체 시계가 다르기 때문입니다. 생체 시계는 누구에게나 있습니다. 심장이 저절로 뛰도록 만들어진 것처럼, 생체 시계도 저절로 가게 되어 있습니다.

아기들은 개월 수에 맞게 스스로 생체 시계를 맞춰가면서 성장합니다. 태어나 신생아실에서 지내다 집으로 돌아온 아기는 갑자기 달라진 환경에 혼란을 겪습니다. 신생아실에서 잘 자던 아기가 집에 왔더니 밤새 잠을 못자고 우는 것도 이 때문입니다. 이때 부모는 알맞은 수면 환경 제공과 더불어 아기에게 먹는 도중 잠들면 안 된다고, 잠은 등을 바닥에 대고 누워서 자야 한다고 가르쳐 아기가 자신의 생체 시계를 맞출 수 있게 도와줘야 합니다. 또한 아기가 울면서 헤맬 때 아기와 교감하면서 어떤 부분에서 힘들어하는지 파악하고, 아기가 안전하다는 느낌을 받을 수 있게 해야 합니다.

태어난 순간부터 시작하자

아기가 먹고 싶은 것도, 놀고 싶은 것도, 자고 싶은 것도 모두 아기 내면에서 아기만이 느낄 수 있는 욕구입니다. 부모는 아기가 느끼는 욕구에 따라 수유를 하고, 놀아주고, 잘 수 있도록 잠자리를 보살펴주어야 합니다.

자고 싶다고 우는데 수유를 한다거나, 놀고 싶어서 우는데 재우려고 한다거나, 먹고 싶어서 우는데 놀아주면 아기는 자연스럽게 형성된 생체 시계에 맞지 않는 행동을 하게 됩니다. 아기의 욕구를 잘못 읽고 반응해 주면 밤중 수유를 하지 않아도 되는 10개월 아기에게도 계속 수유를 하여 밤에 자주 깨게 되는 것입니다.

우리 아기가 까다로워서 밤에 잠을 자지 못한다고 생각하는 부모들이 많습니다. 이들 중 대부분은 부모가 아기의 욕구를 잘못 짐작하고

==판단해서 반응한 경우가 많습니다.== 아기가 먹고 싶은 건지, 자고 싶은 건지 판단할 때는 실제로 아기가 먹고 싶어 하는지, 자고 싶어 하는지를 알아내는 것이 중요합니다. 그래서 수유를 할 때는 아기가 몇 분을 먹는지도 보지만, 어떻게 먹고 있는지도 관찰해야 합니다. 눈을 감은 상태에서 오물거린다면 먹는 것이 아니라 공갈 젖꼭지처럼 엄마 젖을 물고 잠을 자는 것일 수도 있습니다.

아기는 배가 부르다는 욕구를 타인에게 표현할 수 있습니다. 또한 자고 싶다는 욕구도 아주 적극적으로 표현합니다. 부모는 아기가 태어난 직후부터 표현하는 욕구가 어떤 것인지 정확하게 알기 위해 노력해야 하고, 아기의 욕구에 따라 적합하게 반응해 주어야 합니다.

신생아실의 현실

병원과 산후조리원 신생아실은 매우 분주합니다. 24시간 위급한 상황이 계속 발생하고 온갖 기계음과 환한 조명에서도 신생아실의 아기들은 쉽게 잠들고 깊게 잘 잡니다. 트림시키다 보면 어느새 잠이 들어 있고, 수유하다 보면 깨워 먹이는 것이 힘들 정도로 금방 잠을 잡니다. 이렇게 쉽게 자는 아기를 굳이 신생아실에 둘 필요는 전혀 없다고 생각하지만, 실제 현장에서는 세균으로부터 아기를 보호해야 하기에 아기를 엄마와 분리시킵니다. ==사실 아기는 엄마와 함께 있을 때가 가장 안전합니다. 세균으로부터도 안전하고, 엄마 곁에서 잠도 안정적으로 잘 수 있음에도 불구하고 여러 가지 이유로 모자동실을 못하는 것이 현실입니다.==

많은 산모들은 형태만 알아볼 수 있을 정도로 어두운 환경에서 아기를 낳는 르봐이예 분만(Leboyer Birth)을 선호합니다. 이러한 출산 환경을 만들어주는 이유는 어두운 자궁 속에서 막 나온 아기가 안정감을 잃지 않고, 세상은 따뜻하며 아기를 환영하고 있다는 것을 경험시켜 주기 위함입니다. 분만실의 환한 불빛이 자극이 되지 않도록 어두운 환경에서 낳은 아기를 24시간 환한 신생아실로 옮겨 지내게 하는 것은 앞뒤가 맞지 않습니다.

모자동실이 필요한 이유

* * *

낮에는 환한 곳에서, 밤에는 어두운 곳에서 지내야 생체 시계가 알맞게 설정됩니다. 막 태어난 아기는 엄마와 같은 곳에서 생활하며 24시간 자연의 흐름에 맞게 밝은 환경과 어두운 환경을 경험해야 합니다. 모자동실을 하게 되면 아기가 잘 때는 어둡게 해주고, 아기가 수유를 하거나 기저귀를 갈 때는 환하게 해줄 수 있습니다. 우리 아기는 자야 되는데, 옆에 있는 아기가 기저귀를 갈아야 한다는 이유로 우리 아기의 리듬이 방해를 받아서는 안 됩니다. 빛과 어둠은 내 아기 위주로 존재해야 합니다.

아기에게는 스스로 잠들 수 있는 능력이 있습니다. 잠을 자는 것은 아기가 하고, 잠을 잘 수 있는 최적의 환경을 만들어주는 것이 부모가 해야 할 역할입니다. 부모는 아기가 태어나자마자 올바른 수면 환경을 제공해 주어야 합니다.

처음부터 부모가 아기와 함께 생활하면, 아기가 잠이 올 때 어떻게 행동하는지 자연스럽게 알게 됩니다. 즉 아기가 자고 싶다는 욕구를 표현하면 부모는 그에 맞게 잠을 잘 수 있도록 조명을 어둡게 조절하고 주변을 조용하게 해 아기에게 안전한 환경을 제공하는 것입니다.

아기가 태어나자마자 가게 되는 신생아실은 집단생활을 하는 곳입니다. 부모는 이곳에서 아기의 욕구가 무시되고 있는지 모릅니다. 출산 직후부터 온갖 종류의 것들이 엄마와 아기 사이에 끼어들면서 방해하는지 알 수도 없고, 알더라도 엄마에게는 그런 방해에 맞설 힘이 없습니다. 아기가 신생아실에 머무는 동안 아기의 생체 시계 설정은 늦어집니다. 생체 시계 설정이 늦어질수록 후폭풍은 거세지고, 그로 인한 피해는 고스란히 부모가 감당해야 합니다. 그렇게 산후조리 기간은 지나가버립니다. ==막 출산을 마친 엄마를 돕기 위해 만들어진 산후 환경이 수면 교육에 있어서는 엄마가 아기를 파악할 수 있는 기회를 빼앗을 수 있습니다.==

자는 시간과 먹는 시간을 찾아내자

• • •

성인의 수면은 매일 밤에만 한 번 자는 단상성(Monophasic)이지만, 아기의 수면은 뚜렷한 밤낮의 구분 없이 24시간 동안 6~7번 자는 다상성(Polyphasic)입니다. 이러한 아기의 수면 패턴 때문에 아기를 양육하는 부모들은 어려움을 겪습니다.

"아기가 낮에는 열심히 깨어 있다가 밤에 깨지 않고 내내 잔다는 것은 어쩌면 생물학적 명령이라기보다는 문화적 환상이다."라는 말이 있습니다. 아기는 밤에 중간 중간 잠에서 깨어날 뿐 아니라 개월 수에 따라서는 자다 일어나 중간에 먹기도 해야 합니다. 여기에서부터 부모들의 난관이 시작됩니다. 아기가 깨면 곧바로 수유를 해야 할지, 아니면 다시 잠이 들기를 기다려주어야 할지 구분이 어렵습니다.

아기마다 잠에 대한 욕구는 다릅니다. 예를 들면 예서는 예서의 리듬이 있고, 예준이는 예준이의 리듬이 있습니다. 낮잠의 경우, 예서는 오전에 2시간 정도 자지만, 예준이는 오전에 1시간만 자고 오후에 2시간을 잡니다.

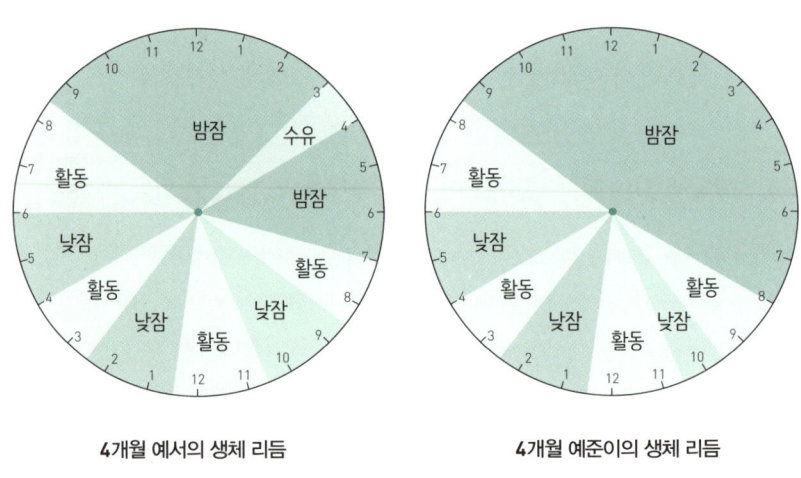

4개월 예서의 생체 리듬　　　　　4개월 예준이의 생체 리듬

같은 날 태어난 조리원 동기의 아기가 밤에 8시간을 잔다고 해서 우리 아기도 8시간을 자는 것은 아닙니다. 낮잠이나 먹는 양 그리고 잠을 잘 때 잠 연관이 어떤지에 따라 우리 아기는 밤에 8시간보다 많이 잘 수도 있고, 8시간보다 적게 잘 수도 있습니다. 아기마다 먹는 양도 다릅니다. 다른 아기와 비교해서 우리 아기가 어떻게 먹고 자는지는 중요하지 않습니다. 부모는 내 아기의 고유한 리듬을 찾아내야 합니다.

우리 아기가 어떻게 먹고 자는지 그리고 어떻게 성장하는지를 알아내야 합니다.

아기는 몸 안에 설정된 생체 시계에 따라 자연스럽게 먹고 자기를 반복합니다. 그러므로 시간과 행동을 보면 아기의 수면 욕구를 알아낼 수 있습니다. 아기가 성장하면서 생체 리듬이 계속해서 변하지만 큰 틀에서 중심을 잡고 있으면 일상의 리듬은 유지됩니다. 생체 시계가 잘 맞춰지면 아기는 낮에 2~4시간 간격으로 먹습니다. 그리고 3개월 아기는 6시간, 5개월 아기는 8시간, 10개월 아기는 10시간을 밤 시간에 안 먹고 잘 수 있는 능력이 생깁니다.

아기에게 관심을 가지고 며칠 동안 주의 깊게 살핀 뒤 자는 시간, 먹는 시간을 기록하다 보면 통계가 나옵니다. 통계를 파악해 보면 일관성 있는 환경 속에서 아기는 비슷한 시간에 먹고 잔다는 것을 알아낼 수 있을 것입니다.

하루 생활 일지 기록하기

부모는 아기가 자연의 흐름에 맞게 하루를 시작하고 마무리할 수 있도록 도와주어야 합니다. 그래야 아기의 생체 시계도 안정적으로 맞춰집니다. 햇볕의 노출과 차단은 아기의 욕구보다 더 우선되어야 합니다. 아기가 생체 시계에 맞게 자고 일어나게 하려면 부모는 아기가 자고 싶어 하는 시간이 언제인지, 자고 싶은 욕구를 어떻게 표현하는지 등을 알아내야 합니다. 저녁 7시가 되면 아기가 자고 싶어 하지 않아도 커튼을 닫고 조명을 어둡게 해줍니다. 먹인다는 이유로 밤 12시에 환한 불빛 아래에서 수유를 하면 안 됩니다. 밤중 수유는 어두운 환경에서 해야 합니다. 아침 7시가 되면 아직 아기가 자고 있더라도 커튼을 열고 햇볕이 방 안으로 들어오게 하거나 환하게 조명을 켜줍니다. 부모는 아기에게 아침과 저녁이라는 환경을 경험하게 해주어야 합니다. 아기가 언제 자야 하는지 알고 싶다면 언제 깼는지를 파악해 보세요. 아기의 하루 생활 일지를 기록해 보면 아침에 몇 시쯤 일어나는지, 낮잠은 언제쯤 몇 번 자는지, 밤잠은 언제쯤 자는지, 밤중 수유를 위해 몇 시쯤 깨는지 등을 파악할 수 있습니다. 밤 마지막 수유를 하는 시간도 고정하면 좋습니다.

수면 시간 정해주기

아기가 밤에 자야하는 시간을 각 가정의 상황에 맞게 맞추고 싶다면, 낮잠과 수유 시간을 아기의 리듬에 맞춰 거꾸로 조금씩 조절해 보세요. 2~3개월쯤 지나면 아기 생활 시간표가 안정적으로 설정될 것입니다. 아침에 일어나는 시간을 정해주는 것도 좋지만, 밤에 수유하는 시간에 따라 일어나는 시간에는 변수가 많으니 처음에는 아침 기상 시간보다 자는 시간을 정하는 것이 쉽습니다. 저녁 시간이 일정하게 안정된 후 아기가 깨는 것을 지속적으로 관찰하다 보면 아침에도 특정한 시간에 일어난다는 것을 알게 될 것입니다.

4개월 된 축복이의 아빠가 퇴근해서 집에 도착하는 시간은 저녁 7시입니다. 축복이의 목욕은 아빠가 담당합니다. 7시 20분에

> 목욕을 하고 수유는 7시 50분에 합니다. 축복이를 8시 30분에 재우고 싶다면 생활 리듬을 어떻게 만들어야 할까요?

여기서 중요한 시간은 수유 시간과 수면 시간입니다. 수유를 7시 50분에 할 예정이니 그 전 수유는 최소 5시 30분쯤에는 해야 합니다. 7시 50분 수유 때 충분히 먹기 위해서는 공복 시간이 최소 2시간 이상 벌어져야 하기 때문입니다. 분유를 먹는 경우 먹는 양이 180㎖ 정도 된다면 공복 시간은 더 벌어져야 합니다. 수면 시간을 오후 8시 30분으로 계획하고 있다면 6시부터는 깨어있는 것이 좋습니다. 4개월 아기는 밤잠을 자기 전에 2시간 30분 정도 깨어있을 것을 권장합니다. 5시 30분이나 6시부터 깨어있는 것이 8시 30분에 잠을 자는 데 도움이 됩니다. 이렇게 부모가 아이의 밤잠 자는 시간을 정하면 그전 오후 시간을 약간씩 조율하여 생체 리듬을 임의로 만들어줄 수 있습니다.

만일 축복이가 마지막 낮잠을 오후 4시에 자서 5시에 깼다면, 목욕 시간인 7시 20분부터 강하게 울면서 짜증을 낼 수 있습니다. 낮잠 이후 깨어있는 시간이 길어져서 목욕 시간부터 강한 잠투정이 예상된다면, 수면 시간을 앞당겨 목욕을 생략하고 조금 더 일찍 잠자리로 이동하는 것이 좋습니다.

마지막 낮잠을 잔 시간과 수유한 시간 등을 참고하여 밤잠 전 마지막 수유를 진행해야 합니다. 되도록 저녁에 자는 시간이 일정해야 좋으니 오전 낮잠과 오후 낮잠을 관찰하면서 조금씩 조절하시기 바랍니다.

울음과 잠투정

• • •

잠이 올 때 신생아 시기의 아기, 4개월 아기, 8개월 아기가 우는 것은 차이가 큽니다. 울음의 강도도 다르지만 울면서 하는 행동에도 엄청난 차이가 있습니다. 신생아 시기에는 많이 울어야 30분 정도 웁니다. 4개월 아기는 1시간 정도 웁니다. 8개월 아기는 엎드린 상태에서 고개를 침대 바닥에 박고 엉덩이를 높이 치켜든 상태에서 몸부림치면서 웁니다.

모든 아기들은 잠이 올 때 잠투정을 합니다. 아기가 잠이 올 때 침대에 눕힌 후 이불을 덮어주고 자장가를 불러주면 스르륵 잠이 드는 아기는 없다고 봐도 됩니다. 아기가 우는 것은 정상입니다. 그래서 저는 개인적으로 울음이라고 표현하는 것을 좋아하지 않습니다. 정확하게 말하면 울음이 아니라 잠투정입니다. 잠투정과 울음은 신생아 시기부터 구분이 됩니다.

==아기가 많이 운다고 걱정할 필요 없습니다. 부모는 우리 아기가 성장 기준표에 맞게 잘 먹고, 잘 자는지 관찰하면 됩니다.== 만일 관찰이 어렵거나 육아에서 궁금점이 생기면 소아과를 방문해 의사 선생님과 상의하시기 바랍니다.

먹는 시간과 노는 시간을 찾아내자

• • •

태어난 후 불규칙하게 먹고 자던 아기들도 출생 2~3주차가 되면 어느 정도 규칙이 생깁니다. 모유량이 풍부해지거나 분유를 먹이면 배부른 수유도 가능해집니다. 수유 후에는 1~2분만이라도 아기와 눈을 맞춰 보세요. 눈 맞춤을 통해 상호작용을 하다보면 아기가 졸려하는 모습이 보입니다. 이때를 놓치지 말고 아기를 잠자는 장소로 데리고 가서 눕힌 후 짧게라도 수면 의식을 하면 울지 않고 잠드는 아기의 모습을 볼 수 있습니다.

출생 직후의 아기가 모유를 먹으면 어느 때는 조금만 먹고도 3시간 이상을 자고, 어느 때는 충분히 먹었는데도 짧게 자고 일어나 더 빨리 먹고 싶어 합니다. 모유 수유를 하는 아기들의 먹는 시간과 노는 시간을 파악하기란 쉽지 않습니다. 그러다 보니 모유량이 충분한데도 유축한 모유를 주거나 분유 수유로 전환하는 경우도 많습니다. 모유든 분유든 충분히 배가 부르게 먹인다면 확실하게 아기의 수면과 수유가 안정이 됩니다.

분유 수유는 먹는 양을 짐작하기 쉽지만 모유 수유는 먹는 양을 짐작하기 어려우니, 모유 수유를 기준으로 설명하겠습니다. 모유 수유를 하는 경우 ==먹는 시간과 노는 시간을 찾아내기 위해서는 아기가 하는 행동에 집중해야 합니다. 자세히 살펴보면 아기가 하는 행동으로 배가 부른지 알 수 있습니다. 집중하는 시간은 엄마에게 육아에 대한 자신감을 주는 귀중한 시간입니다.== 이는 분유 수유를 하는 경우에도 해당이 됩니다.

모든 아기는 배가 부르면 엄마와 눈도 잘 맞춰주고 옹알이도 잘합니다. 배가 부르게 먹었다는 것을 표현하는 아기에게 엄마는 피드백을 주면서 교감하는 시간을 가져야 합니다. 그렇게 아기와 엄마가 눈으로 이야기를 하다 보면 곧 아기는 잠이 온다는 신호를 보냅니다. 짜증을 내거나 하품을 하거나 눈을 비비면서 말입니다. 그때 침대에 눕혀주고 잘 수 있도록 수면 의식을 해주면 조금 전에 아주 좋았던 기분이 이어져 울지 않고 잠을 잘 수 있습니다.

==만약 아기가 먹는 도중 잠들면, 엄마와의 상호작용 기회가 없어 교감하기 어렵습니다. 의식이 있는 상태에서 배부르게 먹은 아기만이 몸으로 그만 먹겠다는 표현을 할 수 있습니다.== 그렇게 표현한 것을 엄마가 알아주면 존중받았다고 느낀 아기는 최상의 컨디션으로 자연스럽게 엄마와 교감하며 놀 수 있습니다. 배가 부르다는 포만감은 만족이라는 정서적 안정감을 줍니다. 이때 아기와 눈을 맞추면서 "잘 먹었어? 배가 부르다고 엄마한테 이야기했어?"라고 말하며 수유에 대한 대화를 주고받는 것이 엄마와 아기가 함께 하는 놀이입니다.

행동과 시간으로 아기의 생체 시계를 파악하자

아기가 졸려서 울 때, 수면 신호를 잘못 읽은 엄마는 아기가 배가 고파 우는 줄 알고 수유를 합니다. 아이가 졸릴 때 수유를 하면 아기는 모유를 먹으며 잠이 듭니다. 이 착각 때문에 엄마는 아기가 졸릴 때마다 아기에게 젖을 물려 재우고, 아기는 엄마 젖이 있어야 잠을 잡니다. 결국 아기는 먹지 않아야 할 때 먹게 되고, 밤에 8~10시간을 자야 할 때 2~3시간 간격으로 깨서 먹어야 하는 아기가 됩니다.

배부르게 먹은 아기와 놀다 보면 엄마는 굳이 시계를 보지 않더라도 아기의 행동을 통해 아기가 자고 싶은지, 놀고 싶은지 알 수 있습니다. 아기의 욕구를 구분할 줄 아는 것입니다. 엄마가 아기의 욕구를 구분할 줄 알면 아기는 생체 시계에 따라 먹고, 놀고, 자는 것이 가능합니다. 그러나 이렇게 되기까지 쉽지만은 않습니다.

　요즘 엄마들은 아기의 행동으로 욕구를 알아내는 것보다 시계를 보고 먹는 시간과 자는 시간을 파악하는 것이 더욱 수월하다고 여깁니다. 시간으로 아기의 욕구를 알아내려면 아기의 생활 패턴을 기록하는 것이 도움이 됩니다. 아침에 잠에서 깨는 시간부터 시작해 첫 번째 낮잠 시간, 두 번째 낮잠 시간, 세 번째 낮잠 시간 그리고 정해놓은 취침 시간과 한밤중에 깨는 시간도 기록해 놓습니다. 그렇게 2~3일 또는 3~5일 정도를 기록해서 비교해 보면 아기가 언제 자고 싶어 하는지, 얼마나 잠투정을 하는지, 언제 먹어야 하는지 그리고 어느 시간에 적게 먹고 바로 자는지 등이 파악됩니다. 우리 아기의 생체 시계가 설정되면 아기는 리듬에 맞게 규칙적으로 먹고, 놀고, 자게 될 것입니다.

시간	생활 패턴
03:00	수유 후 곧바로 잠이 듦
06:00	잠에서 깸
06:10	분유 100㎖ + 모유 직수 수유 후 눈 맞춤하고 놀기
07:30	졸려해 방으로 데리고 가 수면 의식 진행
07:45	10분 정도 잠투정 후 수면
09:00	잠에서 깸
09:10	분유 80㎖ + 모유 직수
09:45 ⋮	트림시키고 놀기 ⋮

3개월 민준이의 하루 생활

가르치자

사람의 뇌신경 시스템은 상향식(Bottom-up) 과정과 하향식(Top-down) 과정으로 나뉩니다. 상향식은 무의식 속에서 자동적으로 항상 가동 중이며 충동적이고 감정에 충실합니다. 일상적 습관을 수행하면서 자연스러운 행동을 하도록 합니다. 반면에 하향식은 의식적입니다. 자기 통제를 담당하고, 생각을 하게 합니다. 감성적인 충동을 억제시키면서 자동적인 습관을 관리합니다.

아기가 모유를 먹거나 잠을 자는 것은 본능적이며 무의식에서 이루어지는 상향식 과정입니다. 배가 부른 아기가 그만 먹고 싶다는 표현을 하거나, 잠이 올 때 스스로 침대로 기어가는 행동은 의식 속에서 일어나는 하향식 과정입니다. 하향식 과정에서 의식적으로 이루어졌던 것들이 경험으로 쌓여 익숙해지면 상향식 과정으로 전환됩니다. 그래서 아기가 배가 고플 때마다 배가 부르도록 먹고, 등을 바닥에 대고 스스로 잠드는 것을 지속적으로 경험하면, 나중에는 노력하지 않아도 배가 부르게 먹으려고 하거나 스스로 자는 아기가 되는 것입니다. 반복적인 행동을 하면 할수록 하향식 과정에서 이루어지던 것을 상향식 뇌가 처리하게 되면서 주의를 기울이지 않아도 자동적으로 하게 되는 습관이 형성되는 원리입니다.

먹고 자는 것은 누구나 합니다. 하지만 아기는 어떻게 먹을 것이며, 어떻게 잘 것인지를 부모를 통해 배우게 됩니다. 배가 고플 때 배가 부르게 먹고, 부모와 상호작용하다 보면 아기는 졸리다는 신호를 보냅니다. 이때 자고 싶어 하는 아기의 욕구에 맞춰 부모가 잠자는 환경을 만들어주면 아기는 스스로 잠듭니다.

먹는 도중 잠들면 안 된다고 가르치자

신생아의 일과는 먹고, 놀고, 자는 게 전부입니다. 그래서 특별히 안 된다고 할 것도 없고, 가르쳐줄 것도 없다고 생각할 수 있지만 그렇지는 않습니다. ==태어나고 처음 모유 수유를 할 때부터 아기에게 배부를 때까지 먹어야 하고, 먹다가 잠들면 안 된다는 것을 가르쳐주어야 합니다.==

생후 한 달이 안 된 아기들은 모유 수유 중 금방 잠듭니다. 2~3시간마다 아기에게 수유를 해야 하는 엄마가 잠든 아기를 깨워가며 아기의 배가 부를 때까지 수유를 하기란 쉽지 않습니다. 무엇보다 아기의 배가 부른지 파악하기 어렵습니다. 우유병에 먹이는 분유 수유의 경우 모유 수유에 비해 먹이는 시간도 짧고, 먹다 남은 분유의 양으로 아기가 배가 부른지 예상이 가능하지만, 모유 수유를 하는 경우에는 먹은 양을 가늠하기 힘듭니다. 아기가 배가 부른지 확인하기 위해서는 아기가 배부름을 표현하도록 해야 하는데, 이는 아기가 잠들지 않고 의식이 있는 상태여야 가능합니다. 그러니 아기가 수유 중 잠들려고 하면 아기를 깨워야 합니다. 이를 통해 아기는 먹을 때는 배부를 때까지 먹어야 하는 것과 먹는 도중 잠들면 안 된다는 것을 배웁니다.

먹다 잠든 아기를 깨우는 행동이 아기 정서와 부모와의 애착 형성에 부정적인 영향을 주지는 않을까 걱정하는 분들도 많습니다. 사실 ==아기가 먹는 도중 잠드는 것보다 배부른 경험을 하는 것이 애착 형성에 더 큰 도움이 됩니다.== 먹다가 엄마 품에서 잠드는 것은 얼핏 자연스러워 보이지만, 먹는 중간에 잠드는 아기는 배부름이라는 포만감과 만족감을 경험하지 못합니다. 먹이면서 재우는 것이 아기를 재우는 쉬운 방법처럼 느껴지겠지만, 4~5개월이 되어서도 먹다 자는 것이 습관이 된 아기는 배가 부르지 않아도 수유 텀 없이 자주 먹게 되니 오히려 엄마는 더 힘들어집니다. 아기는 잠자다 깨서 울며 우유를 찾고, 잠이 부족한 엄마가 아기에게 짜증을 내거나 화를 내게 되면 애착 형성에 마이너스 요인이 됩니다.

표현하도록 가르치자

잠자는 환경은 부모가 만들어주지만, 잠이 드는 것은 아기가 직접 하는 것입니다. 아기가 잠이 오는 신호를 보내면, 아기를 침대에 데려다주고 아기가 스스로 잘 수 있게 해줍니다. 이때 아기가 잠투정을 한다면 바로 안아서 달래주기보다 아기가 누워서 잘 수 있도록 기회를 줍니다. 이를 통해 아기는 잠은 등을 바닥에 대고 누워 자는 것임을 배울 수 있습니다.

소리는 들을 수 있지만 소음을 구분하지 못하는 것처럼 아기는 먹을 줄 알지만 배가 부르게 먹을 줄은 모릅니다. 부모는 아기에게 먹다 자면 안 된다는 것을 가르치고, 먹을 때는 배부르게 먹는 것을 가르치고, 배부르게 먹은 뒤에는 배부르다고 표현하도록 가르쳐야 합니다. 아기의 다양한 욕구를 구분하기 위해서입니다. 이 경험은 아기의 마음을 읽는 데 도움이 됩니다. 아기의 마음을 알면 아기가 자고 싶을 때 잘 수 있도록 도와줄 수 있고, 놀고 싶을 때 눈 맞춤 하면서 상호작용할 수 있습니다.

==수유는 단순히 먹이는 과정이 아닙니다. 수유를 통해 부모는 신생아 시기부터 아기를 가르칠 수 있습니다. 이러한 가르침은 아기를 삶의 초기 단계부터 책임감 있는 사람으로 성장하게 합니다.== 아기가 배부른 상태는 느낌으로 짐작하거나 판단해서는 안 됩니다. 배부름은 아기가 느끼는 것이고 배가 부른지는 아기가 판단하는 것입니다. 아기가 배부름을 느끼고 표현하는 것은 굉장한 경험입니다. 아기가 내면에서 느낀 배부름을 행동으로 표현하고, 부모는 아기의 행동에서 아기의 배부름을 느끼는 교감의 시간이기 때문입니다.

사실 배부르게 먹고 표현하는 것은 가르쳐주는 것이 아닙니다. 아기는 이미 표현할 줄 압니다. 부모는 아기에게 표현할 기회를 주고, 아기 내면의 감정을 알게 되는 것입니다.

아기도 감정과 의견을 표현한다

아기에게는 자기만의 감정과 의견이 있습니다. 이를 적극적으로 표현할 줄도 압니다. 좋거나 싫은 감정을 느끼고 표현합니다. 아기의 생각을 듣고 수용할지 거부할지는 부모의 양육관에 따라 결정되겠지만, 적어도 아기가 자기표현을 할 수 있는 시간은 주어져야 합니다.

배가 고픈 아기가 배가 부를 때까지 먹으면 그만 먹고 싶은 감정을 표출합니다. 아기가 배부름이라는 감정을 느끼고 타인에게 표현하는 것입니다. 분유 수유를 하는 경우에는 모유 수유를 할 때에 비해 빨리 아기의 배가 불러져 그만 먹고 싶다는 표현을 할 틈도 없이 다 먹어버리기도 하지만, 같은 양을 컵이나 숟가락으로 먹여보면 그만 먹겠다는 표현을 아주 적극적으로 하는 것을 관찰할 수 있습니다. "엄마, 나 배불러요."라고 말하듯이 입을 삐죽 내밀면서 표현합니다. 이때 엄마가 "이제 그만 먹고 싶구나."라고 답하며 배부른 아기의 감정을 인정해 주면 아기는 "엄마랑 수유한 거 너무 기분 좋았어요."라고 말하는 듯 웃기도 합니다.

예를 들어 엄마가 아기에게 분유를 200㎖ 타서 주었더니 아기가 200㎖를 모두 먹었습니다. 엄마는 아기가 다 먹은 것을 눈으로 확인할 뿐입니다. 먹고 배부른 감정을 느낀 사람은 아기이므로 아기가 느낀 내면의 포만감을 타인한테 표현하도록 가르쳐야 합니다. 우유병 꼭지를 아기 입에 대어보고 어떻게 반응하는지 관찰해 봅시다. 아기는 배가 부르면 우유병 꼭지를 혀로 밀어내거나, 입술에 힘을 주면서 입을 다물거나, 고개를 돌리는 등 적극적으로 표현합니다. ==아기가 이미 배가 부르다는 사실을 부모가 알고 있더라도 배가 부르게 먹었냐고 매번 물어봐==

야 합니다. 아기의 욕구와 감정이 어떤지 확인하는 과정에서 관계가 형성되기 때문입니다. 먹을 때는 반드시 의식이 있는 상태에서 먹어야 하고, 다 먹고 나면 배부른 것을 표현할 수 있는 기회를 주어야 합니다.

아기의 감정 표현이 중요한 이유

배가 부른지 알더라도 아기에게 "너 배가 부르니?"라고 물어보면 "나 배불러요. 그만 먹을래요."를 표현하는 아기를 보면서 엄마는 아기도 생각이 있고 자기 마음을 표현할 수 있다는 것을 경험합니다. 이를 통해 엄마는 아기를 한 인격체로서 존중할 수 있습니다.

아기가 어른이 되어가는 과정에서 엄마와 수없이 많은 충돌을 하게 될 것입니다. 이때 어른이라는 이유로 억압하지 않으려면, 아기에게도 마음이 있다는 것을 알아야 합니다. 그리고 표현할 줄 안다는 것을 지각하고 물어봐야 합니다. 출생 직후부터 아기는 자기표현을 할 줄 압니다. 먹는 부분에서는 입으로, 자는 부분에서는 몸으로, 놀거나 생리적 상황에서도 자신의 욕구와 마음이 어떤지를 끊임없이 외부에 표현합니다. 이렇게 아기는 적극적으로 자기의 존재를 외부에 알립니다. 아기의 생각을 들으려고 했던 부모는 아기가 5살, 10살, 15살이 되었을 때도 아이의 생각을 들으려고 합니다. 관계가 그렇게 설정되었기 때문입니다.

태어나서 약 2~3세까지는 언어적 소통이 원활하지 않기 때문에 소리와 몸으로 마음을 표현합니다. 이때부터 부모에게 존중받고 부모가 자신의 감정을 들어주고 있다는 것을 경험하면 성인이 되서 자신의 감정이 어떤지 지각하는 데 도움이 됩니다. 그리고 타인에게 마음을 표현하는 것도 자연스러워집니다.

"배불러서 이제 그만 먹고 싶어요."라고 엄마한테 표현했던 아기는 성인이 된 후 다른 사람의 요청에 "아니요."라고 말할 줄 아는 사람으로 성장합니다. 아기였을 때부터 감정을 부모로부터 존중받았던 아기는 성장해서 어른이 되어서도 자기 생각을 표현할 때 고민을 하지 않습니다. 거절하면 상대방의 기분이 상할까봐, 혹시라도 나를 싫어할까봐 두려워서 타인의 눈치를 보는 사람으로 성장하지 않기 위해서 부모는 아기에게 표현의 기회를 주어야 합니다.

안전한 사람과 충분히 대화했던 경험을 쌓은 아기는 어른이 되어 중요한 사람을 만나 이야기를 할 때도 두렵지 않습니다. '내가 이 말을 해서 저 사람이 나를 형편없는 사람이라고 생각하면 어떡하지?'라는 걱정에 방어적 태도를 취하게 되면 대인관계에 어려움을 겪게 됩니다. 공격적으로 반응하거나 쉽게 체념해 버리기도 합니다.

　자기표현과 자기주장을 자신 있게 할 줄 아는 사람으로 키우고 싶다면 아기에게 "너 배고프니?"라고 물어야 하고, "어떤 것을 먹을래?"라고 물어야 하고, "배가 부르니?"라고 물어야 합니다. 아기는 거짓말을 못합니다. 아기는 매우 정직해서 자신의 욕구대로 삶을 살아갑니다. 감정에 충실하고, 느낀 대로 정직하게 자신의 마음을 표현합니다.

정서 지능이 높은 사람으로 키우려면

나를 아는 것, 타인을 아는 것, 나와 타인을 조율하는 것 그리고 나 자신을 스스로 조율하는 것이 정서 지능입니다. 정서 지능은 다른 사람들과의 관계에서 매우 중요한 역할을 합니다. 정서 지능이 낮은 사람은 동료나 상사, 부하 직원, 친구, 연인, 가족 등과 원만한 관계를 유지하는 데 어려움을 겪습니다. 사람들과의 관계가 불편하면 타인과 교류할 때 긴장 상태가 되어 사람들과의 만남 자체가 힘들다고 느낍니다. 정서 지능이 높은 사람이 되기 위해서는 나 자신에 대해서 잘 아는 것부터 시작해야 합니다.

　자신의 감정을 알고 타인의 감정을 아는 것, 그리고 그것을 타인과 조율하는 것은 인생에서 매우 중요한 기술입니다. 이 기술을 아기 때부터 익혀야 합니다. 아기는 수유와 수면을 통해 자기 감정을 알아차리고 그 감정을 스스로 조율하는 방법을 배울 수 있습니다. 배가 고플 때 배가 부르게 먹을 수 있도록 가르쳐주는 부모가 있을 때, 자신의 호흡으

==로 먹도록 기다려주는 부모가 있을 때 아기는 정서 지능이 높은 성인으로 성장합니다.==

어렸을 때 자기주장과 자기표현을 못 해본 사람이 성인이 되어 바꾸려면 많은 노력이 필요합니다. 어렸을 때 배우면 쉬운 것을 성인이 되어서 배우는 것은, 성인이 된 후에 영어를 배우는 것만큼 어려운 과정입니다. 자기표현과 자기주장을 하지 못하는 성인들은 자신의 감정을 정확히 표현하는 방법을 잘 모르다보니 분노와 우울감이 많습니다. 좌절감이 쌓이면 자신보다 약한 사람에게 짜증을 내기도 합니다.

사람은 누구나 자기의 생각을 타인에게 표현할 권리가 있습니다. 죄책감 없이 다른 사람의 부탁을 거절해도 됩니다. 사람이라면 누구나 실수도 합니다. 스스로 우선순위를 정할 수 있고 자신의 감정을 책임질 수 있는 사람으로 키우기 위해서 부모는 아이가 신생아일 때부터 스스로 조율할 수 있는 기회를 주면서 가르쳐야 합니다. 배고픔이나 배부름 등의 단순하고 원초적인 감정을 표현할 줄 알았던 아기가 크면, 자신의 마음을 알아채고 인지해서 각각의 상황과 환경에 맞게 반응하는 사람이 될 수 있습니다.

아기 스스로 조율하는 방법을 가르치자

잠이 와서 우는 아기에게는 스스로 울음을 그치고 잠들 수 있는 능력이 있습니다. 배가 고픈 것을 느끼는 주체가 아기이듯, 잠을 자고 싶은 주체도 아기입니다. 아기는 잠이 오면 웁니다. 동서고금을 막론하고 모든 아기는 웁니다. 아기가 잠투정을 하며 울 때, 부모는 잠을 자고 싶은 욕구 때문에 아기가 운다는 것을 인식하고 그에 맞는 반응을 해주어야 합니다.

잠이 오는 아기에게 부모는 아기를 침실로 데리고 가서 눕힌 후 수면 의식을 해주며 등을 바닥에 대고 누워 스스로 잘 수 있도록 기회를 주는 것입니다. 잠이 와서 강하게 울 때는 울음 상태를 관찰하면 좋습니다. 그렇다고 방치하라는 것이 아니라 아기를 눈으로 안아주면서 온 신경을 아기에게 집중하라는 것입니다. 눈은 감고 있는지, 팔과 다리는 이완되고 있는지 가만히 지켜보면 됩니다.

아기가 눈을 뜨면서 운다면 "안아줘?"라고 물어봅니다. 아직 말하지 못하는 아기는 대답을 하지 않을 테니 바로 "안아줄까?"라고 다시 한 번 묻습니다. 여전히 아기는 대답을 하지 않겠지만 곧 이어 "안아줄게!"라고 하면서 안아줍니다. 이렇게 "안아줘? 안아줄까? 안아줄게!"라는 세 마디의 말을 하는 데에는 10초도 걸리지 않습니다.

안아주었더니 진정이 되었거나 계속 울기는 하지만 엄마 품에 안긴 상태로 운다면 아기를 안은 상태에서 엄마 몸의 진동을 전해줍니다. "그랬구나, 어~~ 어~~~"하면서 아기 울음에 대답을 해줍니다. 대답으로 아기가 우는 소리를 따라 해도 되고, 엄마가 느끼는 감정을 그대로 표현해도 좋습니다. "엄마도 도와주고 싶은데, 잠은 엄마가 재워줄 수가 없단다. 잠이 오니까 짜증이 나지, 그래 그럴거야. 엄마가 옆에서 지켜줄게~."라고 하면서 있는 그대로의 감정을 말로 표현합니다. 아니면 "그래~ 그냥 짜증날 수 있어. 엄마도 그럴 때가 있거든."이라고 공감해 주면서 편안한 엄마의 목소리와 몸의 진동을 아기에게 경험시켜 줍니다.

아직 잠들지 않고 의식이 있는 상태에서 아기가 엄마에게 몸을 기댄

채로 안겨있다면 충분히 오래 안아줍니다. 충전이 된 아기들은 이제 그만 엄마 품에서 나가고 싶다는 표현을 합니다. 그때 아기를 바닥에 내려놓고 눈 맞춤을 하면서 이야기를 나눕니다. 아기의 몸을 보면 자려고 하는지, 아니면 안기고 싶은지 알아챌 수 있습니다.

안겨있던 아기가 엄마 품에서 잠들려고 하면 아기를 바닥에 내려놓아야 합니다. 잘 때는 누워서 잠드는 것임을 아기가 배워야 합니다. 바닥에 내려놓으면 아기는 더 크게 울 수도 있지만 그게 잠 울음이라면 아기는 감정을 스스로 조율해서 잠이 들 수 있습니다. 만일 아기 울음이 잠 울음인지 잘 모를 때는 다시 안아주어도 됩니다. 바닥에 내려놓으면 울고, 안으면 울음은 그치지만 졸려한다면 그때부터는 안아주지 않고 기다려줍니다.

잠 울음일 때는 안아주어도 진정하기 힘듭니다. 보통 때는 안아주면 금방 진정이 되던 아기들도 잠이 오면 오래 강하게 울기도 합니다. 중요한 것은 부모가 아기 울음의 욕구를 관찰해야 한다는 것입니다. 욕구 구분이 안 되면 불안하고 두려워집니다. 또는 짜증이 나거나 화가 납니다. 그러나 아기 몸을 보면서 욕구를 구분하게 되면 불안과 두려움보다는 안타까운 마음이 먼저 듭니다.

아기가 울 때 가만히 지켜보는 것이 얼마나 힘들고 어려운지 압니다. ==중요한 것은 해결하려고 하지 말고, 울음을 인정하는 것입니다. 그럼 아기는 울음을 그칩니다. 아기는 스스로 조율할 수 있는 능력을 가지고 있습니다.== 아기는 누군가 자신의 감정에 집중해 주고 인정해 주는 사람이 필요한 것이지, 해결해 주는 사람이 필요한 것이 아닙니다.

사랑받고 있다는 것을 가르치자

우는 아기를 안아주었을 때 아기가 몸에 힘을 주며 버틴다면 아기를 바닥에 잠시 내려놓아야 합니다. 그 이유는 아기가 몸으로 하는 말을 듣고 있다는 것을 전달하기 위함입니다. 버티면서 강하게 우는 아기를 안고 있으면 부모도 감정을 조절하기 어렵습니다. 아기의 강한 감정이 부모에게 전달되어 불안해지고 안아주는 손길에는 힘이 더 들어갑니다. 그러면 아기는 더 강하게 울고 부모는 부모대로 당황하기 때문에 아기가 몸에 힘을 주면서 버틸 때는 잠시 내려놓습니다. 내려놓았을 때 더 강하게 운다면 그때 다시 안아줍니다. 이때 안아주는 사람의 몸을 통해 아기가 진동을 느낄 수 있도록 말을 해줍니다.

"그래. 그랬구나, 엄마한테 그렇게 말했어, 그래. 그래."라고 말하며 아기가 울음으로 전하는 언어를 들어야 합니다. 부모가 이렇게 대답을 하면 아기의 가슴과 부모의 가슴이 맞대어 있기 때문에 아기는 부모의 몸에서 울리는 진동을 느낍니다. 이야기를 할 때마다 가슴에서 울리는 진동을 몸으로 듣게 되는 것입니다. 그와 더불어 부드럽고 안정된 부모의 목소리도 듣게 됩니다.

아기가 안기는 것을 원하지 않으면 다시 안아주었을 때 품에 안기지 않으려고 몸에 힘을 주면서 버팁니다. 이때는 아기를 다시 바닥에 내려놓습니다. 내려놓고 바로 몸을 떼는 것이 아니라 부모의 상체만 살짝 뗀 상태에서 얼굴이 서로 보이도록 20㎝ 정도 거리를 두고 아기 눈을 바라봅니다. 아기가 눈을 감은 채 울고 있다면 아무 말도 하지 말고 단 10초 만이라도 가만히 지켜봅니다. 이때 울음이 더 커지면 천천히 나지막한 저음으로 부드럽게 "엄마~~~ 여기~~~ 있어~~~"라고 말하면서 아기의 반응을 살핍니다. 아기가 울 때는 울음소리를 들으면서 반응해야 합니다. 처음에는 울음소리 구분이 어렵지만 듣다보면 1도 울음인지, 2도 울음인지, 3도 울음인지 구분이 가능해집니다.

울음 강도	특징
1도	• 눈을 뜨고 울 때도 있다 • 눈을 감고 있지만 뜨려고 한다 • 엄마 목소리가 들리면 울음을 멈춘다 • 안으면 몸에 힘이 풀어지면서 안긴다
2도	• 1도와 3도의 행동을 오가며 한다 • 안으면 울음을 그치지만, 내려놓으면 운다 • 몸에 힘을 주긴 하지만 거부감이 강하지 않다 • 말하듯 "앙~ 앙~"한다
3도	• 눈을 감고 운다 • 고음으로 운다 • 안았을 때 몸에 힘이 들어가 있다 • 몸을 활처럼 휘면서 안기지 않는다

울음 강도별 특징

3도 울음은 크고 강한 울음으로 부모가 빠르게 반응해야 합니다. 하지만 1도나 2도 울음이라면 눈으로 안아주는 것을 권장합니다. 눈으로 안아주는 것은 몸으로 안아주는 것보다 빠릅니다. 눈으로 안고, 냄새로 안고, 호흡으로 안아준다는 마음으로 아기가 울 때 엄마의 눈과 몸이 아기를 향하면 됩니다. 그래도 울면 아기에게 더 가까이 갑니다. 아기 옆에서 아기가 눈을 감고 우는지, 눈을 뜨고 우는지 눈으로만 관찰합니다. 아기는 부모가 옆에 있다는 것을 부모의 냄새와 숨결로 먼저 알아챕니다. 눈으로 가장 빠르게 안아준 상태에서 냄새로 호흡으로 안아주면서, 이제는 어떻게 반응해야 할지 아기를 보면서 결정합니다. 눈을 감고 울면 조금 더 기다려주고, 눈을 뜨고 울면 아기를 응시하면서 부드럽고 천천히 이야기를 해줍니다. "엄마한테 앙앙 이라고 크게 말하면서 이야기가 하고 싶었어. 몸에 힘을 주면서 그런 이야기가 하고 싶었구나."라고 이야기를 하면 됩니다.

 부모가 다가갔을 때 울음이 3도에서 2도로 가는지, 1도 울음에서 여전히 머무는지, 2도에서 1도로 가는지 등 울음의 강약과 리듬을 관찰합니다. 아기에게 울음은 가장 강력한 의사 표현 수단입니다. 아기는 혼자 울고 싶을 때나 더 울고 싶을 때 몸에 힘을 주면서 버팁니다. 이렇게 운다면 안지 말라는 뜻으로 해석하면 됩니다. "나를 봐주세요, 나는 엄마가 필요해요, 저를 안아주세요."라고 할 때는 몸에 힘이 풀리면서 안깁니다. 안기고 싶어할 때 안아주면 울음을 그칩니다. 안기기 싫을 때 안아주면 힘차게 버티면서 웁니다. 이러한 울음의 차이를 알면 아기가 울 때 안아주면서 아기 몸을 느끼는 것만으로도 아기 마음을 파악할 수 있습니다.

 "왜 이렇게 울어. 도대체 왜 우는 거야!"라고 말하는 부모 목소리에 짜증이 묻어 있으면 아기는 더 강하게 울 수 있습니다. 이렇게 짜증을 섞어 이야기를 하면서 아기를 안아주면 부모의 몸과 손끝에 힘이 들어가게 됩니다. 부모 자신은 인지하기 못하더라도 사람의 마음을 몸으로 느끼는 아기는 바로 알아챕니다. 그래서 부모가 짜증이 날 때 안아주면 아기가 쉽게 진정이 안 되는 것입니다. 결국 악순환의 고리가 연결됩니다. 힘이 들고 피곤한 부모가 "힘들지. 엄마가 돕고 싶은데 계속 우니까 엄마도 어떻게 해야 할지 모르겠어."라고 말을 할 때와 "왜 이렇게 울어. 도대체 뭘 어쩌라는 거야. 졸리면 자면 되잖아."라고 짜증 섞어 말

을 할 때가 다르다는 것을 아기는 직감으로 알아챕니다.

==마음속에서는 짜증이 나더라도 아기에게 건네는 말의 단어를 바꾸고, 언어의 톤을 바꿔서 이야기를 하면 부모 마음도 진정이 되고, 아기도 그런 부모의 마음을 아는 듯 진정을 합니다.== 에너지의 흐름이 바뀌게 되는 것입니다. 부모가 진정을 하면 아기가 흥분 상태일 때 기다려 줄 수 있는 마음의 여유가 생깁니다.

아기는 부모가 하는 이야기를 온몸으로 듣습니다. 몸을 통해 전해지는 진동은 울고 있는 아기에게 굉장한 언어가 됩니다. 부모가 이렇게 몸으로 사랑하고 있다는 것을 가르쳐주면 마음으로 '안전하다, 보호받고 있다'라는 것을 느낀 아기는 스스로 자신을 조율할 수 있습니다.

그러나 자신이 보살핌을 받고 있다는 느낌을 받았던 경험이 부족한 아기들은 격한 감정 상태로 쉽게 빠져듭니다. 격해진 감정은 제어하기 어렵습니다. 잠이 와서 짜증을 내는 아기를 달랜다고 안으면 몸에 힘을 주면서 버팁니다. 엄마는 아기가 버티다 바닥에 떨어지면 위험하니 아기를 더욱 힘 있게 안아줍니다. 그런데 아기는 몸에 힘을 주면서 자신을 꽉 안았다고 더 강하게 버티고 몸을 뒤로 젖히면서 웁니다. 버티면서 우는 아기를 이사람 저사람 돌아가면서 안아주면 아기는 더 흥분합니다. 이렇게 격한 감정 상태에 빠지게 되면 부모와 아기 모두 힘들어집니다. 아기의 감정이 격해졌다면 안아서 달래주는 것보다 주변을 어둡게 하고 차분하게 만들어주는 것이 아기를 진정시키는 데 더욱 도움이 됩니다. 태어난 직후부터 이렇게 하면 좋습니다.

기저귀를 처음 갈아주는 아빠들은 이구동성으로 아기에게 미안하다고 이야기를 합니다. 기저귀를 다 갈아준 아빠에게 "뭐가 미안한가요?"라고 물으면 그저 씨익 웃습니다. 아빠의 서투른 손길에 아기가 힘들어한다는 것을 아빠들도 이미 느꼈기에 미안하다고 표현하는 것입니다.

==사람은 안전하다고 느낄 때 평화로운 일상생활을 할 수 있습니다. 안전함은 타인이 알려줘서 느끼는 게 아니라 본인 스스로 느껴야 합니다. 아기도 마찬가지입니다. 따라서 부모는 아기가 스스로 안전하다고 느낄 수 있도록 행동해야 합니다.==

부모는 몸으로 느끼게 해주고 아기는 몸으로 경험하면 됩니다. 안전을 제공했으니 '너는 안전해'라고 부모가 단정지어 생각하기보다는 아기의 감정이 어떤지 살펴봐야 합니다. 그리고 자신이 느낀 안전함을 표현할 수 있는 환경을 만들어주는 것도 부모의 역할입니다.

교감하자

아기를 재울 때는 어떻게 잠들게 할 것인가에 목적을 두는 것이 아니라 잠자고 싶은 아기의 욕구를 인정해 주고 스스로 잠들 기회를 주는 방향을 추구해야 합니다. 아기의 수면 문제를 예방하는 가장 확실한 방법은 부모가 잠의 욕구를 알아채고 여유를 가지고 기회를 꾸준히 주는 것으로부터 시작합니다.

수면은 생체 시계의 명령으로 이루어지는 몸의 활동입니다. 아기의 몸을 보면 잠이 오는지 알 수 있습니다. 아기는 잠자기 전에 충분히 먹어야 합니다. 충분히 먹은 아기와 눈을 맞추다 보면 아기에게서 잠의 욕구가 보입니다. 하품을 하면서 고개를 돌리기도 하고, 눈빛이 흐려지기도 하고, 한 곳을 초점 없이 뚫어지게 보기도 합니다. 아기가 이와 같은 행동을 한다면 침대로 데려다줍니다.

잠자기 전에는 일정한 패턴으로 수면 의식을 하면 좋습니다. 수면 의식은 아기가 안전함을 느끼는 데 도움이 됩니다. 아기가 잠자기 전 목욕을 시키고, 수유를 하고, 트림을 시킨 후에 마사지를 해주면서 그날 있었던 일에 대해 이야기를 들려주세요. 이렇게 매일 일정한 리듬의 수면 의식 속에서 아기는 스스로 잠드는 법을 몸으로 배웁니다.

아기가 잠이 들 때와 잠에서 깰 때의 환경과 상황은 같아야 합니다. 처음부터 일관적인 수면 환경을 제공하고, 아기가 졸려할 때 침대에 눕힌 후 수면 의식을 하고, 아기 스스로 잠들 수 있도록 기다려주는 과정이 필요합니다. 이 과정이 어렵게 느껴져도 아기 행동을 살피면서 차분하게 진행하다 보면 아기가 편하게 잠들 수 있는 환경을 만들어주는 그 과정에서 부모로서의 자신감이 생길 것입니다. 아기가 익숙하게 느낄 때까지 시간의 여유를 두고 매일 반복해야 합니다.

안전하다는 느낌을 주자

· · ·

==잠은 항상 같은 장소에서 누워서 자야 한다는 사실을 아기는 경험으로 배워야 합니다.== 따로 아기의 침실을 마련하기 어려운 환경이라면 한쪽 구석에 아기의 잠자리를 마련하여 항상 그곳에서 자도록 해주세요.

아기는 익숙하게 경험했던 방법을 신뢰합니다. 아기는 자기에게 익숙한 환경에서 안전하다는 느낌을 받기 때문에 부모는 아기가 항상 일정한 장소에서 안정적으로 잘 수 있게 도와주어야 합니다. 보호받는다는 느낌을 사람에게서 경험한다면, 안전하다는 느낌은 환경에서 경험하는 것입니다. 특히 자기 스스로 안전을 책임질 수 없는 어린 시기에는 환경이 변하지 않는 편이 좋습니다.

사람은 낯선 장소에서 제대로 잠을 이루지 못합니다. 이것은 성인들도 마찬가지입니다. 아기의 수면에서는 자기가 사랑을 받고 있는지, 부모와 정서적으로 안정적인 관계를 유지하고 있는지도 중요하지만 주변 사물과 환경에서 안전하다는 느낌을 얻는 것이 더 중요합니다. 잠자는 환경이 동일할 때 아기는 안전함을 감각적으로 느끼게 됩니다. 이런 원칙들을 일관성 있게 지켜줄 때 아기는 공간에 대한 질서가 생겨서 안정적인 느낌을 받게 됩니다.

감각을 이용해 정서적 환경을 제공하자

아기의 생체 시계 설정을 위해서는 감각을 이용한 정서적 환경을 제공해 주어야 합니다. 부모의 몸짓이나 표정 등은 아기에게 많은 것을 전달합니다. 이해한다는 고개의 끄덕임, 아기와의 눈 맞춤, 손으로 부드럽게 터치하는 것, 볼이나 이마에 하는 뽀뽀 등 촉각, 시각, 청각, 후각을 이용해 온몸으로 사랑하고 있다는 것을 전달하는 것이 교감입니다. 부모는 아기와 적극적으로 교감하며 감정을 나누어야 합니다. 부모와의 교감을 통해 아기는 이해받고 있다는 것을 느끼고 스스로 마음을 진정시킬 수 있습니다.

==아기는 부모로부터 안전하다는 것을 확인하면 스스로 안정을 취합니다.== 부모는 아기에게 안전하다는 것을 인식시키기 위해 촉각, 시각, 청각, 후각을 이용하는 것입니다. 이 네 가지를 모두 동시에 진행하면 됩니다. 서로의 눈을 바라보는 눈 맞춤은 시각입니다. 따뜻한 목소리를

들려주는 것은 청각입니다. 부드러운 손길을 몸이 느끼도록 천천히 마사지를 해주거나 가만히 손을 대고 있는 것은 촉각입니다. 아기가 엄마 냄새를 맡는 것은 후각입니다. 아기는 이렇게 부모를 통해 모든 감각을 경험하고 부모는 감각을 이용해서 아기에게 정서적 환경을 제공합니다.

눈 맞춤을 할 때에는 부모가 집중해야 합니다. 아기의 시선이 머무는 곳을 관찰하면서 목소리를 더 느리게 할지, 멈추어야 할지 부모의 감각으로 결정합니다. 수면 의식 중에 아기는 두 가지 반응을 합니다. 수면 의식이 고요하고 편안하게 진행될 때도 있지만, 아기가 눈을 감고 강하게 울 수도 있습니다. 고요하게 반응할 때는 고요한 대로, 강하게 울 때는 강하게 우는 대로 아기가 표현하는 것을 보면서 부모는 그에 맞게 반응해 주어야 합니다.

아기가 고요할 때

아기가 부모의 눈을 보고 있지만 몸에 힘이 풀어지는 것 같으면 잠이 들려고 하는 상태이므로 자극을 최소화해야 합니다. 아기 몸을 부드럽게 마사지해 보면 몸에 힘이 풀리면서 다리가 축 쳐지듯 힘이 빠지는 것을 느낄 수 있습니다. 이때는 아기를 부드럽고 천천히 만져주던 손길을 멈춥니다. 부드럽게 말하던 부모의 목소리도 점점 느려지고 작아져야 합니다. 아기 몸을 보면서 목소리의 톤을 조절합니다. 아기가 잠이 들려고 하면 목소리를 더 낮추고, 더 천천히 말하면서 아기를 관찰합니다. 잠을 자는 과정에서 아기와의 교감은 천천히 느리게 이루어질수록 좋습니다. 감각을 이용해서 보호받고 있다는 느낌을 주는 것이므로 부모의 마음도 안정되어야 합니다. 아기를 만져주는 손길도 강약을 조절하며 더 느려져야 합니다. 이 과정에서 아기의 몸을 보지 않으면 일방적인 터치가 될 수 있으니 주의합니다. 악기를 연주한다고 상상해 봅시다. 느리게 연주하다 점점 느리게, 더 느리게, 더욱 더 느리게 연주합니다. 듣는 것은 관객이지만 얼마나 느리게 연주할지는 연주자에게 달려 있듯 실제 수면 의식을 주도하는 부모가 아기를 보면서 손길의 강약을 결정합니다.

신기하게도 엄마가 아기의 눈을 보면서 느리고 고요하지만 따뜻하게 말을 하면, 엄마의 마음에도 평안이 옵니다. 분주했던 마음이 차분해지면서 세상에 온전히 아기와 둘만이 존재하는 것 같은 깊은 교감이 이루어집니다. 아주 짧은 시간이더라도 아기와의 깊은 눈 맞춤이 이루어지면 마음 안에 신뢰가 생깁니다.

엄마의 입에서는 "너를 지켜주는 엄마가 있어, 꿈나라 가서 토끼랑 거북이랑 기린이랑 놀다가 와~~, 다녀와서 엄마한테 이야기해 줘."라는 말이 저절로 나옵니다. 깊은 심장의 울림이 느껴집니다. 엄마라면 이때의 감정이 말이나 글로 표현할 수 없을 정도로 깊다는 것을 경험을 통해 알 수 있을 것입니다. 설명하려고 하면 지금처럼 한두 줄 정도로 짧지만 약간의 두근거림, 무엇인지 모를 심장의 떨림, 목젖이 메어오는 목소리, 부드러움, 따뜻한 눈빛을 아기와 엄마가 모두 동시에 경험하게 됩니다.

이때 조금 더 신경 써야 하는 부분은 목소리 톤입니다. 아기를 흥분시키면 안 되기 때문에 경쾌한 톤보다 조용하고 담담하면서 차분한 목소리가 좋습니다. 엄마와 가만히 눈 맞춤 하던 아기가, 또는 자장가를 가만히 듣던 아기가 눈을 감았다 뜨기를 반복하다 잠이 드는 모습을 볼 수도 있을 것이고, 갑자기 고개를 다른 쪽으로 돌리면서 시선을 차단하고 울거나 칭얼거리는 행동을 할 수도 있습니다. 고요한 상태에서 강한 울음으로 넘어갈 수도 있고, 고요한 상태에서 잠으로 이어질 수도 있고, 처음부터 강하게 울 수도 있습니다. 이 모든 것은 아기가 하는 것이므로 부모는 아기의 행동에 따라 감각으로 반응하면 됩니다.

아기가 강하게 울 때

아기가 강하게 울어도 당황하거나 두려워 말고 아기 몸을 관찰하면서 아기 마음을 느낍니다. 울다가도 고개를 돌려 엄마와 시선을 맞추는지, 아니면 그대로 다른 곳을 보면서 칭얼거리며 우는지 지켜봅니다. 아기는 흥분했지만 엄마는 아기와 눈을 맞추기 위해 언제나 기다리는 중이라는 것을 스스로 느껴야 합니다. 변한 것은 아기라는 것을 생각해야 아기의 욕구가 무엇인지 구분하는 데 도움이 됩니다. 기다림은 매우 중요합니다. 아기가 울거나 칭얼거리는 것은 잠의 세계로 들어가는 과정인데, 이때 아기에게 말을 걸거나 토닥이거나 안아주면 아기는 잠의 세계로 들어가는 것을 방해받아 더 크고 강하게 울기 시작할 수 있습니다. 아기가 스스로 잠들 수 있도록 기회를 주시기 바랍니다.

마사지 중 아기가 다리에 힘을 주면서 발차기 비슷한 행동을 한다면 잠시 마사지를 멈추고 가만히 몸에 손을 대고 느낌만 전해도 됩니다. 잠투정이 확실하다면 등을 바닥에 대고 누워있도록 기다려줍니다. 잠투정인지 파악이 어렵다면 안아주어도 됩니다. 안아주었을 때 몸에 힘을 풀면서 안기듯이 행동한다면 조금 더 안아줍니다. 하지만 잠을 자는 듯 고개 힘이 풀리면서 자려고 하면 그때는 다시 내려놓아야 합니다. 아기의 욕구가 자고 싶어 한다는 확신이 든다면 그때부터는 스스로 잠들 수 있는 기회를 주어야 합니다.

아기의 몸을 보면서 교감하자

아기는 몸으로 자기의 마음을 표현합니다. 배가 고플 때도 몸으로 말하고, 자고 싶을 때도 몸으로 말합니다. 몸으로 뭐라고 말하는지 듣기 위해 부모는 판단을 잠시 멈추어야 합니다. 편견 때문에 부모의 기준으로 잘못 이해할 수 있기 때문입니다. 어렸을 때 정서적 보살핌을 충분히 받지 못했던 부모의 경우 아기의 정서에 집착한 나머지 아기의 욕구를 구분할 때 부모의 생각대로 단정지어 잘못 판단할 위험이 있습니다. 편견에 사로잡히면 아기 몸을 보면서 교감하는 것이 어려워집니다.

아기는 매우 단순합니다. 아기의 세계로 들어가기 위해서는 보이는 대로 보고 들으면 됩니다. 아기가 몸을 활발하고 경쾌하게 움직인다면 아기는 기분이 좋은 것입니다. 다리에 힘이 풀리면서 느려지거나, 손이 옆으로 풀어지거나, 우는 행동을 한다면 자고 싶은 표현입니다. 아기의 울음만 들어서는 욕구의 구분이 어렵습니다. 울음과 함께 몸으로는 어떻게 표현하는지도 관찰해야 합니다. 부모가 아기 몸의 움직임을 볼 줄 알아야 아기의 진짜 욕구를 파악할 수 있습니다.

언어로 표현하지 못하는 아기의 말을 몸과 마음으로 들어주는 것이 경청입니다. 자고 싶어 우는 아기를 기다려주는 것이 진정한 공감입니다. 아기가 졸려서 울 때 안아주거나 모유 수유를 하는 것은 부모가 그 울음에 반응하고 도와준다는 의미가 내포되어 있지만, 이는 도와주는 것이 아니라 개입하는 것입니다. 아기는 스스로 잠들 수 있는 능력이 있는데, 부모가 기회를 주지 않는 것과 같습니다. 아기가 스스로 하도록 기다려주기란 말처럼 쉽고 간단한 문제는 아닙니다.

아기가 너무 심하게 울어서 힘들다는 엄마를 만났습니다. 세수도 하지 않은 얼굴에 잠옷 차림의 엄마는 자신이 얼마나 힘든 상황인지 설명하느라 정신이 없었습니다. 아기가 하루 종일 울다 보니 어쩔 수 없이 계속 안아줄 수밖에 없는 상황이라고 했습니다. 이야기를 듣는 내내 엄마에게 우울증이 올까 봐 걱정이 될 정도였습니다. 안고 있는 아기의 몸 상태가 어떤지 물었습니다. 아기가 안기는지, 버티는지 느껴보라고 했더니 안기는 것을 싫어하는 느낌이 든다고 했습니다. 할머니나 남편이 안아주면 좋아하는데 왜 엄마 품은 싫어하는지 잘 모르겠다는 말과 함께 아기를 침대에 내려놓았습니다.

이번에는 침대에 누워있는 아기의 시선이 어디에 멈추는지 보라고 했습니다. 아기는 고개를 돌려 이리저리 보다가 나를 한 번 보고 엄마를 한 번 본다고 엄마가 관찰한 것을 이야기했습니다. 그때 나는 아기가 나를 볼 때마다 고개를 끄덕이면서 웃어 주었습니다. 엄마한테도 나처럼 아기가 엄마를 보면 "사랑해."라는 말을 하면서 웃어주라고 했습니다. 엄마의 눈은 아기의 눈을 응시하면서 아기의 시선이 어디에 머무는지 지속적으로 관찰해야 한다고 말해주었습니다. 칭얼거리던 아기는 자신을 바라보는 두 사람을 번갈아 응시하다가 엄마를 쳐다보면서 옹알이를 하기 시작했습니다. 아기의 옹알이에 대답을 하면서 엄마한테 다른 그 어떤 곳으로도 시선을 돌리지 말라고 했습니다. 아기가 엄마를 보는 동안에는 눈동자를 돌리면 안 된다고 말하면서 그 어떤 말도 괜찮으니 아기한테 이야기를 하라고 했습니다. 엄마는 아기와 눈 맞춤을 하면서 "내가 그동안 아기를 안 봤네요. 아기가 칭얼거린 것이 엄마랑 이야기를 하고 싶다는 뜻이었나 봐요."라고 말하며 눈물을 훔쳤습니다.

아기와의 눈 맞춤을 힘들어하는 부모도 있습니다. "아기와 눈을 맞춰 보세요."라고 하면 한두 번 훑어보듯이 얼굴을 보다 금방 다른 곳을 향해 시선을 돌립니다. 얼마나 오래 아기의 눈을 보고 있어야 하는지 기준을 모르겠다는 분들도 많습니다. 아기는 부모에게 집중하는 모습을 보이는데, 부모는 이를 알아차리지 못합니다. 아기가 집중하고 있는지 인식하지 못하는 부모의 경우에는 아기와 깊이 있는 눈 맞춤을 하면서 시선을 고정시키는 시도조차 못합니다.

==아기가 부모를 쳐다보고 있다면 부모의 시선도 아기의 눈에 머물러야 합니다. 그래야 아기가 몸으로 하는 행동이 보이고 아기와의 진정한 교감이 가능합니다.== 머무른다는 것은 시선을 다른 곳으로 돌리지 말고 눈동자를 봐야 한다는 뜻입니다. 아기의 눈동자를 보고 있으면 자신도 모르게 저절로 미소가 지어집니다. 나아가 아기가 어떤 이야기를 하고 싶은지 몸으로 표현하는 것이 보이기 시작합니다. 즉 아기 마음이 들리기 시작하는 것입니다.

교감의 중요성

아기의 행동에서 수면의 욕구가 보이면 침실로 데리고 가서 바닥에 눕힌 후 시각, 청각, 촉각, 후각을 이용해 교감하는 것이 중요하다고 계속 강조했습니다. 그 후는 밀물과 썰물처럼 교감하는 시간이라고 보면 됩니다. 이때 현실 이야기, 존재 이야기, 환상 이야기와 더불어 자장가를 불러주어도 됩니다. 향후 아기가 성장해서 유치원이나 초등학교에 갔을 때도 계속 필요하기에 수면 의식은 빨리 시작할수록 좋습니다. 수면 의식을 오래 할수록 아이와의 교감도 깊어집니다. 아기가 자라면 수면 의식의 추억을 기억하지 못할 수도 있지만, 부모와의 정서적 교감은 그 아이의 무의식 속에 영원히 남아있기 때문에 부모와 아기의 교감 시간이 중요한 것입니다.

책을 읽어주는 것도 좋지만, 아기가 부모의 표정을 보면서 엄마가 어떤 입모양으로 말하는지, 어떤 표정을 짓는지를 느낄 수 있도록 이야기를 하는 것이 더 중요합니다. 침대에 누워서 경험하는 부모의 따뜻한 손길과 눈 맞춤 그리고 부드러운 목소리는 눈을 감아도 이미지로 남아 목소리가 들리게 되고, 피부에도 손길이 느껴지게 됩니다.

현실 이야기를 해주자

침대에 누운 아기에게 이야기할 때에는 조금 전에 무슨 일이 있었는지 현실 이야기를 하면 좋습니다. 일어났던 일을 사실 그대로 이야기해 줍니다. 엄마와 수유를 마쳤다면 수유에 대한 이야기를 하고, 아빠와 목욕을 했다면 목욕한 이야기를 사실대로 말해줍니다. 무언가를 꾸며낼 필요도 없이 시간 순으로 이야기를 해주면 됩니다.

언어는 사람이 살아가는 데 꼭 필요한 도구이며, 성공적으로 성장하기 위한 중요한 무기입니다. 부모가 아기에게 이야기를 해줄 때마다 아기의 어휘력과 문장력이 확장됩니다. 이야기를 위한 특별한 이벤트가 필요한 것도 아닙니다. 예를 들어 7시에 일어난 아기의 9시 낮잠을 위한 수면 의식 때에 일어나서 낮잠 자기 전까지 엄마와 수유하고 기저귀를 갈았던 이야기를 해주면 됩니다.

아기에게 이야기를 해줘야 하는 이유가 있습니다. 아기는 출생 후 처음 몇 달 동안은 서로 다른 소리를 구별해 내는 것에 집중합니다. 단어의 시작이 어디이고 끝이 어디인지 그리고 그 단어가 사물, 상황, 감정들과 어떻게 연결되는지 관심이 많습니다. 아기와 언어적으로 소통이 이루어지지 않는 듯하지만, 사실 아기는 듣기 위해 적극적으로 노력하고 있습니다. 우리가 아프리카 사람을 만나서 서로의 언어로 이야기한다고 생각해 봅시다. 그들은 우리말을 알아듣지 못하고, 우리도 그들이 무슨 말을 하는지 이해하지 못합니다. 언어적 소통은 안 되지만 서로의 행동에 관심을 가지고 주변 사물이나 상황을 감정과 몸짓, 표정 등과 연관 지으며 집중하면 무슨 말을 하려고 하는지 짐작이 됩니다. 말 못하는 아기와 비슷한 소통 과정입니다.

==부모의 관심은 아기의 언어 발달에 중요한 역할을 합니다. 아기는 자기가 울음, 딸꾹질, 트림, 재채기 소리를 낼 때마다 반응하는 엄마를 통해 의사소통 기술을 배웁니다.== 아기는 소리가 어떤 식으로 만들어지는지 배우려는 본능으로 부모를 집중해서 관찰합니다. 부모가 말할 때 표정을 보면서 '엄마'라는 단어를 발음하기 위해서는 입술을 얼마나 강하

게 오므려야 하는지, 얼마나 열어야 하는지를 습득합니다.

언어가 자연스럽게 습득이 되는 것처럼 보일 수 있지만, 부모의 영향에 따라 발달 속도의 차이는 매우 큽니다. 수유 후 아기에게 이야기를 해보라고 하면 대부분 '아이 예뻐, 고마워, 잘 먹었지, 사랑해'라는 말을 되풀이합니다. 이런 이야기만 한다면 아기가 들을 수 있는 단어의 수는 한정됩니다. 대가족이 모여 살던 시대에는 부모가 아기에게 말을 하지 않더라도, 아기는 누워 있는 상태로 여러 사람들이 하는 말을 들으면서 언어를 배울 수 있었습니다. 핵가족화가 된 지금은 부모가 아기에게 말을 하지 않으면 말을 들을 수 있는 기회가 부족합니다.

<mark>아기가 태어난 직후부터 아기와 자연스럽게 이야기를 해야 합니다. 잠들기 전 수면 의식을 할 때 수유 후 눈을 맞추며 노는 시간에 이야기를 하면 좋습니다.</mark> 자기 전 침대에 누운 아기의 의식이 있을 때 이야기를 해줍니다. 아기는 자신에게 집중하는 사람에게 집중합니다. 조금 전에 무슨 일이 있었는지 또는 주변이 어떤 환경인지 이야기를 하면 됩니다. 방에 보이는 것을 설명할 수도 있고, 아기가 덮고 있는 담요를 설명할 수도 있고, 바깥 날씨 이야기를 해줄 수도 있습니다. 막 기저귀를 갈아 주었다면 기저귀를 갈던 상황에 대해서 이야기해도 됩니다.

감정을 섞어 이야기하는 엄마의 얼굴 표정을 보고 감정과 단어를 연결시키면서 아기의 감정 지능이 발달합니다. 소리를 듣고 또 들으면서 억양을 기억하고, 음조를 기억합니다. 아기는 부모의 목소리에 귀를 기울이고 낯선 소리에 주의를 기울이면서 언어 감각을 발달시킵니다.

부모가 아기에게 말을 할 때 아기가 옹알이로 반응을 하면 그 소리에 대답하면서 이야기를 풀어가야 합니다. 일방적으로 부모만 말을 하는 것이 아니라 아기와 대화를 하는 것입니다. 부모가 말을 하면 아기도 말을 합니다. 아기가 말을 할 때 부모는 대답을 해야 합니다. 아기가 옹알이로 "응, 응" 소리를 한다면 부모는 같은 소리를 내면서 "응, 응, 그랬어, 그랬구나."라고 대답을 하면 됩니다. 언어적 소통은 되지 않지만, 눈으로 소리로 서로 소통할 수 있습니다. 부모는 아기와 이야기하는 시간을 통해서 소통하고 대화하는 방법을 만들어간다고 생각하면 됩니다. 그 시기가 빠를수록 습관으로 자리잡기 쉬워집니다.

이때 이왕이면 시간 순서에 따라 이야기를 하면 좋습니다. 시간 순서에 따라 이야기를 하는 것은 아기의 기억력 발달에 도움을 주기 때문입니다. 살아가면서 경험하게 되는 상황들을 시간의 순서대로 이야기하면서 아기와 눈을 마주치는 수면 의식은 아기에게 다양한 언어를 노출시키고, 아기가 무엇을 했는지 선명하고 조직화된 방법으로 기억하는 데 도움이 됩니다.

태어난 지 몇 년 안에 체계가 완전히 잡히는 기억력은 유전자의 영향을 받기도 하지만 출생 후 부모의 영향도 받습니다. 기억력 발전의 상당 부분이 부모와의 대화에 달려 있습니다. 부모가 지금 이 순간에 일어났던 일, 낮에 있었던 일 등을 폭넓게 이야기해 주면 아기의 기억력이 좋아집니다. 재미있거나 긍정적인 특정 순간에 일어난 일을 시간순으로 세세하고 구체적인 묘사와 함께 듣고 자란 경험은 기억력과 학습 능력 발달에 도움이 된다고 합니다.

수면 의식을 하는 과정에서 아기에게 조금 전에 경험했던 현실적인 이야기를 하는 것은 우리가 상상하는 것 이상의 장점이 있습니다. 잠을 자기 전에 의미 있는 경험들을 떠올리면서 자연스럽게 이야기를 하는 것은 현실에서 어떤 일이 있었는지, 그것이 삶에서 어떤 긍정적인 영향을 주었는지 부모와의 추억을 다시 한번 상기시켜 줍니다. 아기에게는 자신이 얼마나 안전한 상황인지 기억하는 순간이 됩니다.

존재 이야기를 해주자

사랑하는 대상이 나에게 "사랑해."라고 말을 하거나, "당신이 내 옆에 존재하는 것만으로도 좋아."라고 한다거나, 자녀로부터 "엄마 고마워요."라는 이야기를 들으면 가슴이 뭉클해집니다. 아이가 아기였을 때는 사랑한다, 예쁘다, 귀엽다 등 존재로서 인정하는 말을 많이 해줍니다. 아이가 점차 자라면서는 존재로서 이야기를 하기보다 "목욕했어? 숙제 했어? 옷 입었니?" 등 현실에 대한 이야기를 더 많이 하게 됩니다. 존재로서 "오늘 멋지다."라던가, "사랑한다."는 말은 생일 등 특별한 날에만 하게 됩니다.

현실 이야기와 존재 이야기 두 가지는 모두 중요합니다. 아이가 어릴 때부터, 특히 잠을 자기 전에 부모가 오늘 있었던 일에 대해 정리를 해주면서 존재로서 인정하고 있다는 것까지 이야기를 해주면 좋습니다.

잠을 잘 때마다 존재로서 소중하다는 것을 눈 맞춤을 통해 이미지로 뇌에 저장시키고, 마사지로 피부 세포가 기억하도록 해주고, 부드럽고 따뜻한 음성을 잠을 자기 전에 체험하게 해줍니다. 아기를 사랑한다는 것을 아기가 느끼도록 해주어야 합니다. 그리고 아기는 보호받고 있다는 느낌도 받아야 합니다. 아기를 얼마나 사랑하고 보호하고 있는지 수면 의식을 통해 느끼게 해줄 수 있습니다.

아기는 존재로서 소중하며, 존재로서 다른 아기들과 구별이 되며, 존재로서 알아갈 만한 가치가 있습니다. 부모는 아기에게 영향을 끼치는 사람입니다. 양육하는 과정에서 부모가 아기에게 어떤 영향을 주는지 생각하는 것은 중요합니다. 생각하고 있어야 부모와 아기 사이에 방해물이 끼어드는 것을 예방할 수 있습니다. 생각하지 않으면 다른 사람이 시키는 대로 하거나, 광고와 상업적인 정보에 중심을 잃기 쉽습니다. 누군가가 시키는 것을 따라만 한다면, 부모로서 성장하는 과정이 쉽지 않을 것입니다.

환상 이야기를 해주자

1~2개월밖에 안 된 아기에게 책을 읽어주는 부모도 있습니다. 아직 책이라는 개념을 전혀 모르는 시기에는 부모가 책을 들고 읽어주기보다는 부모의 머릿속에서 나오는 이야기를 들려주는 것이 더 좋습니다. 아기의 얼굴을 보지 않으면 아기를 알 수 없습니다.

현실 감각을 위해 현실에 대한 이야기와 존재로서 소중하다는 존재 이야기를 했다면, 환상에 대한 이야기가 필요한 이유는 책을 읽어주는 효과를 살리기 위해서입니다. 아기가 토끼와 기린이 그려져 있는 침구 위에 누워있다면, 그리고 애착 물건으로 토끼와 코끼리 인형이 있다면, 현재 아기는 동물 친구들과 함께 있는 것입니다. 현실에서 만질 수 있는 인형을 소재로 부모가 "토끼와 기린이가 축복이랑 꿈나라에서 놀고 싶다고 찾아왔네. 코끼리가 같이 꿈나라에 가고 싶어서 기다리고 있어. 토끼 손잡고, 코끼리 손잡고 꿈나라 가서 기린이랑 토끼랑 코끼리랑 놀다가 와."라고 하면서 축구 이야기를 해도 좋고, 농구 이야기를 해도 좋고, 소풍 가는 이야기를 해도 좋습니다. 그렇게 부모의 머리에서 떠오르는 대로 환상적인 이야기를 들려주면 됩니다. 엄마는 "거실에서 청소하고 있을게.", "친구들하고 꿈나라 가서 놀다와~~ 다녀와서 엄마랑 다시 만나자."라고 말을 합니다.

잠에서 깰 때는 "친구들하고 꿈나라 가서 축구하고 왔어?"라고 하면서 축구에 대한 이야기, 소풍에 대한 이야기 등을 아기의 눈을 보면서 밝은 목소리로 경쾌하게 해줍니다. 이런 과정을 통해서 부모는 아기가 어떤 이야기에 흥미를 느끼는지, 어떤 이야기를 할 때 흥분하는지를 알아갈 수 있습니다.

잠을 잘 때도 또 다른 재미가 있다는 것을 경험하게 해주는 과정이라고 봐도 됩니다. 이때 부모의 마음속에도 '아기가 꿈나라에서 즐거운 놀이를 하고 꿈을 꿀 수도 있겠구나'라는 안정감이 자리를 잡습니다. 이는 아기가 중간에 잠에서 깨서 울 때 잠투정인지 파악하고 다시 잠들기를 기다려줄 수 있는 여유를 주고, 처음 잠이 들 때 쉽게 잠이 못 들고 짜증을 부리거나, 몸부림을 치더라도 불안과 두려움을 감소시켜 줍니다.

활동을 하면서 노는 낮 시간에는 새로운 이야기를 하는 것이 좋지만, 잠자리에서는 늘 비슷한 이야기를 해주어야 긴장을 푸는 데 더욱 도움이 됩니다.

잠에서 깬 아기를 바로 안아주지 말자

아기가 잠이 들 때 몸과 마음이 이완되도록 청각, 촉각, 후각, 시각에 부드러움과 편안함을 주어야 한다면, 잠에서 깰 때는 청각, 촉각, 후각, 시각에 경쾌한 환경을 만들어주어야 합니다.

==아기가 일어나 혼자서도 잘 놀면 좋겠지만, 울면서 깨는 것도 정상적인 행동입니다.== 아기가 일어나 울 때, 울음소리만 듣고 총알처럼 달려가 반응하는 부모가 많습니다. 충분히 잠을 자고 일어난 아기라도 즉각적으로 안아주면서 반응하기보다는 안아주어야 할지, 아니면 누워 있는 상태에서 상호작용을 할지 아기의 행동을 보면서 결정해야 합니다. 부모 마음대로 안아주는 것이 아니라 아기가 안기기를 원할 때 안아줍니다. 아기가 안아주는 것을 원하는지 파악하기 위해서는 울음소리를 들으며, 아기의 눈과 몸을 함께 관찰합니다.

잠에서 깬 아기의 울음을 관찰하자

만약 아기가 눈을 감은 채 팔과 다리가 이완된 상태에서 운다면, 몇 분 더 기다리면서 아기가 정말 잠에서 깬 상태인지 확인합니다. 우선 눈을 꼭 감고 우는 아기가 눈을 뜨려고 하는지 살펴봅니다. 잠에서 깨려고 하는 아기들은 울면서 눈을 뜨려고 노력합니다. 아기가 눈을 뜨려고 하면서 울면 부드러운 목소리로 말을 걸어줍니다. "축복이, 잘 잤어~ 엄마 크게 불렀어? 다 잤다고 엄마 불렀구나!"라고 말해보면 아기가 일어나려고 하는지 확실하게 구분하는 데 도움이 됩니다.

엄마 목소리를 들은 아기의 울음이 잦아지면서 눈을 뜬다면, 안아주지 말고 눕힌 상태에서 한 톤 높은 목소리로 "잘 잤어? 축복이가 엄마 불러서 왔지. 꿈나라에서 친구랑 놀다왔어?"라고 말하며 반응해 줍니다. 엄마의 반응에 아기는 눈을 뜨면서 옹알이로 대답할 수도 있고, 울

음으로 이야기를 할 수도 있습니다.

　엄마 목소리를 들은 아기의 울음소리가 더 커지면서 계속 울면, 그때는 안아주면서 반응합니다. 아기가 원하는 만큼 안아주어야 합니다. 부모는 아기를 안을 때 말을 하면서 몸에서 울리는 진동을 아기가 느끼도록 꼬옥 품에 안아줍니다. 아기에게는 몸으로 부모를 경험하는 시간이 필요하고, 몸의 진동을 통해서 안정을 찾을 시간이 필요합니다. 아기를 안은 상태에서 "엄마 불렀어? 그랬구나. 엄마 밖에서 기다리고 있었어. 꿈나라 가서 토끼 친구와 놀다왔구나."라고 말을 해줍니다. 아기는 엄마 품에 안겨서 엄마의 냄새, 목소리 그리고 몸의 진동을 통해 안정을 찾아갑니다.

　안아주는 중에도 아기가 계속 운다면 몸에 힘을 주는지, 힘을 빼고 안겨서 우는지 관찰합니다. 몸에 힘을 주면서 계속 운다면 아기를 바닥에 다시 내려놓고 1~2초 정도 아기의 기분을 살핍니다. 바닥에 내려놓았더니 더 크게 운다면 바로 다시 안아주면서 거실을 걸어 다니거나 몸의 리듬이 느껴지도록 부드럽게 움직입니다. 안아줄 때는 이야기를 계속해야 합니다. 끊임없이 말하는 것이 힘들다면 허밍으로 노래를 해도 괜찮습니다. 이야기의 목적은 엄마 몸에서 울리는 진동을 아기에게 전달하기 위함입니다.

==아기의 눈과 몸을 보면서 안아주어야 할지, 몸으로 안고 조금 더 교감을 할지 정하는 사람은 부모가 아니라 아기입니다. 부모의 역할은 아기의 욕구가 무엇인지를 관찰하면서 그에 맞게 반응하는 것입니다.== 아기가 잠에서 깨는 시간도 부모가 판단하기보다는 아기가 원하는 때여야 합니다.

기저귀 교환은 아기의 기분이 좋아진 후에

• • •

잠에서 깨어 우는 아기를 안아주다 보면 아기가 울음을 멈추면서 점점 기분이 좋아지는 것이 느껴집니다. 기저귀는 아기의 기분이 좋아졌을 때 갈아줍니다. 대변을 본 경우라면 아기가 울더라도 빠르게 갈아주어야 하지만 소변이라면 아기 기분을 관찰하면서 진정이 된 후에 갈아주는 것이 좋습니다. 울고 있는 상태에서 기저귀를 갈아주면 아기는 더 크게 울거나, 짜증이 더 오래 지속될 수 있습니다.

너무 오래 자는 아기는 깨우자

아기가 잠을 너무 오래 자서 깨워야 하는 경우도 생깁니다. 낮잠을 너무 오래 자면 밤잠에 영향을 주고, 수유 시간을 한참 지나서까지 자고 있으면 깨워서 먹어야 합니다. 아기를 깨워야만 한다면 아기 몸을 직접적으로 만지면서 깨우거나, 기저귀를 갈아주면서 깨우기보다 아기가 스스로 깰 수 있는 환경을 만들어주면 좋습니다. 아기를 재우는 환경과 자는 상황에 대해서는 마음을 많이 쓰지만 아기가 깨어나는 환경에 대해서는 소홀하기 쉽습니다. 아기가 처음 잠이 들려고 할 때 충분한 교감을 하는 것처럼, 잠에서 깨어난 아기와도 교감의 시간이 필요합니다.

아기를 자연스럽게 깨우는 환경

- 방문을 열어놓고 음악을 틀어 놓는다
- 설거지를 하면서 물소리를 들려준다
- 커튼을 열어 빛이 들어오게 한다
- 속싸개 또는 스와들업을 살짝 풀어준다

통곡 없이
잠 잘 자는
아기의
비밀

제4장

육아는 함께 하는 것이다

아기가 태어난 후에는 하루하루가 전쟁입니다. 육아에 자신감이 충만했다가도, 자신감이 바닥까지 떨어지는 날이면 속상한 마음에 울고만 싶습니다. 임신했을 때 상상했던 새근새근 잠자는 아기는 그저 환상이었을 뿐, 아무리 자장가를 불러주어도 좀처럼 잠들지 못하고 울어대는 아기를 돌보다 보면 엄마의 감정은 복잡해집니다. 앞으로 어떻게 대처해나가야 할지 막막하기만 합니다. 한 인격으로서의 삶은 끝나고, 단지 아기를 돌보는 기계가 된 것처럼 느껴집니다.

　엄마에게는 현실에서의 경험이 매우 중요한데, 현재 우리나라 엄마들은 출산 후 현실 양육에 진입하는 시기가 늦습니다. 병원에서 태어난 아기는 바로 신생아실로 보내져 간호사에게 돌보아지고, 퇴원 후에는 산후조리원으로 들어가 또다시 간호사에게 맡겨집니다. 우리나라에만 있다고 하는 산후조리 문화는 엄마를 유축이나 하면서 쉬라고 합니다. 산후조리원에서 퇴원한 후 집으로 돌아와서도 산후관리사의 도움을 받습니다. 엄마라면 아기가 울 때 어떻게 달래야 하는지, 아기가 졸리면 어떤 신호를 보내는지 경험을 통해 알아내야 하지만, 그 시기가 점점 늦어집니다. 출산 이후부터가 진짜 시작이라고 할 수 있는데, 출산을 마무리로 생각하는 엄마와 상업적인 산후조리 문화가 맞물려 현실 육아의 시작 시기가 갈수록 늦춰지고 있습니다.

이렇게 타인으로부터 돌봄을 받았던 아기와 엄마는 혼란 속에 머물게 됩니다. 엄마에게 보살핌을 받지 못한 아기는 엄마가 불편해서 울고, 아기가 우는 이유가 무엇인지 모르는 엄마는 아기를 감당하기 힘듭니다. 예상하지 못한 절망감은 고스란히 엄마가 짊어지게 됩니다.

양육 기술은 저절로 얻어지는 것이 아니라 아기와 부딪치면서 경험에 의해 형성하는 것입니다. 먹이고, 재우는 과정에서 엄마의 직감이 매우 중요한데, 현실 육아가 늦어지는 동안 엄마의 자신감은 떨어지고 그 자리를 불안과 두려움, 죄책감이 차지하게 됩니다. 엄마는 나름대로 유튜브나 맘카페, 블로그 등을 통해서 정보를 습득합니다. 습득한 정보를 양육에 적용해 보지만 경험이 부족한 엄마는 혼란스럽기만 합니다. 남편은 힘들어하는 아내에게 더 큰 혼란을 주지 않기 위해 도리어 침묵합니다. 아내의 중심이 흔들린다면 대신 남편이 중심을 잡아줘야 하는데, 예민한 상태의 아내에게 조언을 한다는 것은 남편의 입장에서 매우 어려운 일입니다. 결국 가족 모두가 혼란 속에 머물게 되어 가정 안에 안정감이 사라집니다.

1

엄마는 절대적 권력자

"3개월 된 아기가 밤에 잠을 자지 않아요."
"수면 교육은 언제 시작하는 것이 좋을까요?"

수면 교육의 가장 좋은 시기는 바로 엄마가 준비되었을 때입니다. 준비가 되었다면 지금 바로 시작하면 됩니다. 엄마가 중심을 잃으면 가족 전체가 흔들리지만, 엄마가 자신의 역할이 무엇인지 알면 두려움과 불안감은 줄어듭니다.

육아는 모방입니다. 사람들은 엄마가 되면 자신이 양육받았던 방식으로 아이를 키웁니다. 이 과정에서 엄마들은 스스로 자신이 잘하고 있다는 자부심을 느낍니다. 그러나 수많은 정보들 속에서 어떤 선택을 해야 할지 몰라 불안한 엄마들도 많습니다. 성숙한 부모가 미성숙한 아기를 돌보아야 하는데, 부모의 마음이 불안하면 아기에게 휘둘려 수유를 하는 것도, 아기를 재우는 것도, 아기와의 교감도 모두 혼란스럽고 어렵습니다.

나쁜 엄마라는 죄책감

아기에게 느끼는 감정은 자신이 아기였을 때 부모로부터 받은 경험과 관련이 있습니다. 아기가 우는 이유를 모르면 부모는 짜증이 나고 속상합니다. 아기가 울면 화가 나고, 아기가 칭얼거리면 머리가 아파오기 시작해서 아기의 감정을 이해하거나 달래주지 못한다면, 나쁜 엄마라서 그런 것이 아니라 경험이 없어서일 수 있습니다. 아기는 엄마의 관심이나 눈 맞춤을 요구하며 바락바락 악을 쓰며 우는데, 아기였을 때 자신의 엄마와 이 같은 경험을 해보지 못했던 엄마는 아기의 요구를 모릅니다. 어린 시절 누구에게도 위안을 받아본 적이 없거나 혹은 아주 어렸을 때 사랑의 유대가 깨져버렸기 때문일 수도 있지만, 지금 당장 양육을 해야 하는 상황에서 지나간 어린 시절을 차분하게 뒤돌아볼 시간은 없습니다.

> 나는 나쁜 엄마입니다. 아기와 시댁에서 같이 살고 있는데 현실이 지옥처럼 느껴집니다. 결혼식도 올리지 않은 채 임신 9개월 때 시댁에 들어온 상황이라 시댁 식구들이 불편합니다. 아기는 하루 종일 울고, 시어머니는 아기가 울 때마다 젖을 주라고 잔소리를 합니다. 3시간마다 수유하는 것이 좋다고 알고 있는데, 시어

머니와 육아 방식이 맞지 않으니 스트레스를 받아 거실에 나가지 않고 거의 방에서만 생활합니다. 5개월이 된 지금까지 아기는 품에 안겨서만 잠을 잡니다. 침대에 내려놓으면 바로 잠에서 깨버리는 아기에게 너무나 지친 나머지 아기를 버리고 도망가고 싶은 마음까지 생깁니다. 가끔은 패대기치듯이 아기를 침대에 던질 때도 있습니다. 이런 행동을 한 날이면 미안한 마음에 우는 아기를 종일 안고 울면서 잠을 자게 됩니다.

스스로를 나쁜 엄마라며 자책하지 마세요. ==아기 때문에 힘들고, 아기에게 화가 나는 당신은 나쁜 엄마가 아니라 도움이 필요한 엄마입니다.== 이렇게 지쳐있을 때 아기의 수면 교육보다 중요한 것은 엄마의 휴식입니다. 그리고 시부모님과 함께 산다는 것은 불편하겠지만 다르게 생각하면 '아기를 혼자 24시간 돌보지 않아도 되는 매우 큰 장점'이기도 합니다. 답답한 방 안에만 머물지 말고 아기를 거실로 데리고 나가야 합니다. 엄마가 주체가 되어 아기와 눈 맞춤을 하며 수유하고, 트림을 하거나 아기와 놀아주는 것은 할머니, 할아버지가 할 수 있도록 아기를 안겨주면 좋습니다. 엄마가 여유와 안정을 되찾기 위해서 다른 사람의 도움이 필요합니다.

불안이 회피로

결혼 13년 만에 태어난 하민이는 인공수정과 시험관 시술을 합쳐 8번의 도전 끝에 어렵게 만난 아기입니다. 하민이 육아는 24시간 상주하는 베이비시터가 담당합니다. 지난 8개월 동안 베이비시터가 5번 바뀌었고, 지금의 베이비시터와는 1개월 전부터 함께 지내는 중입니다. 하민이는 태어나서 지금까지 엄마와 한 번도 같은 방에서 잠을 자본 적이 없습니다. 가끔 하민이를 안아 주거나 하민이와 함께 놀아주기도 하지만, 우는 하민이를 달래거나 기저귀를 갈아주는 것은 베이비시터의 일입니다.

　하민이를 낳기 3년 전, 임신 8개월 차에 유산했던 경험으로 심한 우울증을 앓았던 적이 있습니다. 치료를 받고 우울증은 극복했지만, 먼저 떠난 아기에게 미안한 마음에 하민이가 울면 생기는 불안한 마음이 더해져 베이비시터를 고용하게 되었습니다. 늘 베이비시터 품에 안겨 편히 자는 아기를 보고 있으니, 이러다 곧 엄마로서의 정체성을 잃을 수도 있겠다는 생각이 들어 직접 재우기를 시도했지만, 하민이의 잠투정이 최근 들어 더욱 심해졌습니다. 졸음이 오기 시작하면 몸을 주체하지 못한 채 여기저기 쿵쿵 박기도 하고, 안아주면 허리가 꺾이지는 않을까 걱정이 될 정도로 몸을 뒤로 젖힙니다. 그동안 베이비시터의 품에 안겨 잠을 잤던 하민이는 사람 품이 아니면 잠을 자지 못합니다. 밤에는 누워서 자는 것 같다가도, 새벽녘이 되면 한 시간 간격으로 깨어나 계속 울어댑니다. 밤새 수시로 9㎏의 아기를 안아 재우는 것이 너무 힘듭니다.

　출산 후 마음에 불안이 있는 엄마가 아기를 돌보기란 쉽지 않습니다. 그러다 보니 다른 사람의 도움을 받게 됩니다. 육아를 돕는 다른 사람 중에서도 특히 베이비시터는 아기가 울면 즉각적으로 반응합니다. 직업으로서 책임을 지고 아기를 돌봐야 하는 입장에서는 아기가 울 때, 아기의 울음을 멈추게 하는 것이 최우선이기 때문입니다. 그래서 아기가 울면 그 즉시 바로 안아주거나 공갈 젖꼭지를 입에 물립니다. 베이비시터 품에 안겨서 잠을 자는 것이 습관화된 아기는 얕은 잠 단계에서 깨었을 때 울면서 사람을 찾습니다. 아기의 수면 습관은 점점 나빠지고, 이런 아기를 돌보는 것이 힘든 베이비시터는 한 달을 견디지 못하고 그만두어 베이비시터를 계속 바꿔야 하는 악순환이 이어집니다. 이때 가장 힘든 사람은 엄마도, 베이비시터도 아닌 바로 아기입니다.

아기의 수면 교육을 위해 아기의 하루 일과를 파악하는 것이 필요하지만 지금 당장 몇 가지 양육 기술을 배운다고 아기의 수면 문제가 바로 해결되는 것은 아닙니다. 하민이 엄마처럼 마음에 불안이 큰 경우에는 전문가의 심리 상담을 받는 것이 먼저입니다.

비교로 인한 불안

"우리 아기는 30분 넘게 잠을 못 자고 꼭 중간에 깨서 울어요."

아기가 잠을 통 못 잔다고 불안해하는 엄마들이 많습니다. 영아 산통, 배앓이, 배 속에 찬 가스, 이앓이, 원더윅스 등 다양한 부분에서 원인을 찾지만, 정작 엄마인 자신 때문에 아기가 잠을 이루지 못한다고는 전혀 생각하지 못합니다.

모유가 충분한데도 분유 수유를 하는 경우도 있습니다. 아기가 잠을 못 자거나, 아기가 우는 이유를 모유의 부족이라고 여기기 때문입니다. 이런 엄마들은 객관적인 데이터조차 믿지 않습니다. 모유가 부족하지 않다는 증거로 아기의 체중이 정상적으로 증가하고 있다는 것을 정확한 수치로 보여주어도 소용이 없습니다. 아기는 잠이 와서 우는 건데, 바로 아기를 안아서 분유 수유를 합니다. 그대로 두면 졸린 아기가 곧 잠들 상황이지만, 아기가 우는 이유를 관찰하기보다 당장 울음을 멈추게 하는 것에 목적을 둡니다.

대부분의 불안은 외부에서 오는 것이 아니라 엄마 자신에게서 생겨난 것입니다. 불안한 엄마는 다른 엄마들과 자신을 끊임없이 비교합니다. 각종 SNS나 온라인 커뮤니티 등에서 만나는 다른 엄마들이 비교 대상입니다. 잠을 잘 때 울지 않는 아기는 없다고 말해주어도, 친구네 아기는 전혀 울지 않고 잠들고 한번 잠들면 아침까지 깨지도 않고 쭉 잔다고 대답합니다. 세상에 그런 아기는 없다고 말을 해도 믿지 않습니다. 간혹 아기가 안 울고 잘 수는 있습니다. 간혹 밤에 잠들었던 아기가 아침 7시까지 쭉 잘 수도 있습니다. 이런 때에도 전혀 깨지 않고 자는 것이 아니라 아기는 깼는데 엄마가 깊은 잠을 자서 듣지 못하는 것이라고 알려주어도 엄마 마음속에서 이미 자라난 의문을 거두지는 못합니다.

다른 아기와 비교하며 불안해하면 내 아기의 장점을 보지 못한 채 육아의 행복한 순간을 놓치게 됩니다. 아기에게 좋은 것이 무엇인지 검색하느라 정작 아기와 눈 맞춤할 기회를 놓칩니다. 양육을 잘하고 싶어 끊임없는 혼란 속에서 환상만을 좇으며 시간을 낭비하기도 합니다. 엄마의 불안은 순간의 기쁨을 누리지 못하게 하고 소중한 시간만 속절없이 흘러가게 만듭니다.

"수유는 언제 해야 하나요?"
"잠은 언제 재우나요?"

엄마들이 많이 묻는 질문이지만 정답은 엄마가 직접 찾아내야 합니다. 진정으로 아기와 미소를 나누며 교감하는 시간을 가진다면, 아기가 잠이 와서 울 때 초조해 할 필요가 전혀 없습니다.

"아기가 울 때 안아주지 않아서 엄마를 믿지 못하면 어쩌죠?"
"아기와의 애착 형성에 방해가 되지는 않을까요?"
"아기의 정서가 불안해질 것 같아요."

엄마가 내적 긴장감을 내려놓지 않는다면, 육아에 대한 의문을 내려놓지 않는다면 계속되는 악순환의 고리로 들어가게 됩니다. 엄마가 의심을 품으면 품을수록, 다른 사람과 비교를 하면 할수록 앞으로 어려움을 겪게 될 것입니다. 불안의 감정을 붙잡는 대신 아기가 깨어 있을 때 모빌을 치우고 아기를 바라보세요. 아기에게 엄마의 따뜻한 목소리를 들려주고, 부드러운 터치로 아기를 만져주고, 웃음 짓는 아기와 눈 맞춤을 제대로 해준다면 아기의 정서에도, 아기와의 애착에도, 아기와의 신뢰감 형성에도 자신감이 생기게 됩니다. 자신감은 타인이 주는 것이 아니라 엄마 내면에서 자라는 것입니다.

친정 엄마 눈치

• • •

　내과의사인 엄마는 육아 휴직 기간 동안 친정 엄마와 함께 아기를 돌봅니다. 친정 엄마는 아침 8시에 집에 오셨다가 남편이 퇴근하기 직전인 오후 7시쯤 친정으로 가십니다. 친정 엄마는 아기가 울면 바로 아기를 안거나 포대기로 업어서 달래주고 재웁니다. 아기에게 수면 교육도 해주고 싶고 아기와 교감도 하고 싶은데, 친정 엄마는 그런 것들을 이해하지 못합니다. 육아 휴직이 끝나고 출근하게 되면 어차피 친정 엄마가 주로 아기를 돌봐주실 테니 친정 엄마의 육아 스타일을 따르기로 했습니다. 친정 엄마가 계시는 낮에는 괜찮지만 문제는 저녁 시간 이후입니다. 아기가 밤새 울면서 잠을 못 잡니다. 친정 엄마는 아기가 예민하기 때문이라고 하십니다. 엄마는 아기를 재우기 위해 밤새 잠도 못 자며 아기가 깰 때마다 공갈 젖꼭지를 물려줍니다.

　아기를 낳고 난 뒤에도 친정 엄마로부터 독립하지 못하는 엄마들이 있습니다. 친정 엄마의 도움과 지지를 받으면서 함께 아기를 돌보는 것은 좋은 일입니다. 그러나 친정 엄마가 주 양육자가 되고 아기의 엄마가 보조 양육자가 되는 것이 문제입니다. 친정 엄마가 돌봄이 필요한 어린아이처럼 딸을 대한다면, 아기 엄마인 딸은 혼란 속에서 육아의 중심을 잡기 힘듭니다.

　육아의 중심을 잡지 못한 엄마는 양육자로서 자신에게 확신이 없습니다. 아기를 돌볼 때 문제가 생기면 스스로 대처하지 못하고 친정 엄마에게 도움을 요청합니다. 엄마 내면에 육아에 대한 자신감과 아기를 향한 애정이 자리 잡아야 하는데 그 불안함과 두려움이 차지합니다. 본인이 엄마가 될 자격이 부족하거나 아기에게 정서적 안정을 못 주는 사람이라는 생각은 아기가 엄마를 싫어하는 것 같다는 마음으로까지 이어집니다.

친정 엄마의 도움이 갈팡질팡하는 마음을 진정시켜 줄 수는 있습니다. 그러나 그것은 잠시 불안을 가라앉혀 주는 진정제의 역할을 할 뿐, 근본적인 육아 문제를 해결해 주지는 못합니다. 사람은 아기를 낳아 키우는 시기에 한 인간으로서 정체성을 찾는다고 합니다. 현실에 직면하면서 육아를 해야 진정한 나를 만나는 시간이 주어집니다. 그 시간을 통해 부모도 아기와 함께 더욱 성장합니다.

양육에 대한 의문

아기가 태어나면 웃을 일도, 울고 싶은 일도 많이 생깁니다. 어느 날은 육아에 자신감이 넘치지만, 자신감이 바닥까지 떨어진 날이면 우울해집니다. 많은 엄마들이 육아에 대한 불안과 두려움 때문에 힘든 나날을 보내고 있습니다. 이는 호르몬 변화로 인한 우울증으로 보기도 하고, 어린 시절 친정 엄마와의 경험 때문이라고 보는 심리학적 견해도 있습니다.

 엄마들이 겪는 감정적 어려움을 개인적인 문제로만 봐서는 안 됩니다. 훨씬 더 복잡한 문제이기 때문입니다. 우리 사회는 엄마들을 보호하기 위해 산후조리 문화가 발달되어 있는데, 안타깝게도 산후조리 문화는 현실적인 양육을 하지 못하는 엄마를 마냥 공감해 주는 데에 그칩니다. 그리고 엄마들이 현실 양육에 참여하는 시기를 늦춥니다. 이는 엄마들의 불안감과 우울증을 더욱 증폭시키는 역효과를 가져옵니다.

산후조리 기간 동안 엄마는 쉬면서 유축만 하면 됩니다. 아기를 먹이는 것도, 재우는 것도, 기저귀 갈아주는 것도 모두 도움을 받습니다. 그러는 동안 아기는 유두 혼동이 와서 모유가 많아도 먹지 않으려 하고, 품에 안겨서 잠들던 아기는 계속 안아주어야 잠을 잡니다. 육아 노하우는 저절로 얻어지는 것이 아니라 장기간에 걸쳐 아기와 부딪치면서 함께 시간을 보내는 동안 형성되는 법인데, 산후조리 기간 엄마와 아기는 서로 분리되어 지내면서 서로 함께할 중요한 타이밍을 놓칩니다. 산후조리가 끝나면 육아에 서툰 엄마의 손길은 자신감을 떨어뜨립니다.

불안한 마음에 엄마는 인터넷 검색을 통해서 다른 엄마들은 어떻게 하고 있는지 살펴봅니다. 여기저기서 습득한 정보를 육아에 적용해 보지만, 똑같은 주제에 대해 서로 다른 의견들 속에서 경험이 부족한 엄마의 혼란은 계속됩니다. 육아에 대한 의문은 주변 가족들을 내 편으로 만들기보다는 다툼과 서운함, 섭섭함을 만들어 가족과의 관계에 문제가 생길 수도 있습니다. 이에 따른 부작용은 고스란히 엄마가 감당해야 합니다.

남편에 대한 불만

현관에서부터 쓰레기와 빨래거리가 쌓여 있던 30평대 아파트는 아기를 키우는 집이라고는 믿기 어려울 정도로 어질러져 있었습니다. 그 집에서 사는 생후 63일 아기는 밤새 울고, 잠은 낮에 잡니다. 아기의 낮과 밤이 바뀌어 있는 탓에 집안일을 할 여유도 없고, 집안일을 전혀 돕지 않는 남편에 대한 불만 때문에 아내 또한 집안일에 손끝 하나 대고 싶지 않습니다. 낮에는 하루 종일 아내가 아기를 돌보았으니, 저녁에 남편이 퇴근해서 돌아오면 육아에 참여하라는 뜻으로 아기를 남편에게 맡기고 다른 방에 들어가 있다가 새벽 3시쯤 교대를 합니다. 날이 갈수록 아내의 마음에는 집안일과 육아에 소극적인 남편에 대한 분노와 원망이 쌓여만 가고 집은 점점 엉망이 됩니다.

아기들은 규칙적으로 먹고, 놀고, 잡니다. 아기의 생활 패턴에 규칙적인 리듬이 없다면 수유나 수면에서 혼란을 겪습니다. 예측 불가능한 상황에서 가족과의 불화는 육아에 대한 분노로 이어집니다. 분노가 가슴속에 자리 잡으면 아기를 관찰할 수 있는 에너지가 사라집니다. 부부가 한 마음으로 힘을 합쳐도 쉽지 않은 것이 육아인데, 부부가 서로 팽팽한 신경전을 벌인다면 악순환의 고리 안에 갇히게 되면서 가족이 모두 힘들어집니다.

아기의 잠투정은 예민해져 있는 부모의 감정을 더욱 자극합니다. 예민해진 부모의 마음을 감지한 아기는 혼란스러운 상태가 되어 스스로 편히 잠들 수 있는 기회를 잃습니다. 아기에게 몸이 이완될 수 있는 편안한 잠자리 환경을 만들어주려면 집안 분위기부터 안정되어야 합니다.

육아는 24시간 쉬지 않고 이어지는 과정입니다. 남편이 아내보다 아기를 더 잘 돌보는 경우도 있지만 그렇다고 아빠가 엄마가 될 수는 없습니다. 아내는 남편이 소중한 존재로서 아기 옆에 머무를 수 있도록 자리를 자연스럽게 만들어주고 육아에 자신감을 가질 수 있도록 아빠라는 존재를 인정해 주어야 합니다. 마찬가지로 남편은 아내가 육아를 하는 과정에서 만들어가는 질서들을 지지해 주고 엄마로서의 권위를 인정해 주어야 합니다. 아기 삶의 질서는 대부분 엄마로부터 조정되고 형성되기 때문에 남편이 엄마의 권위를 인정해 주어야 아내도 자신감을 가질 수 있습니다.

아기를 돌보던 중 화가 나거나 짜증이 나면 자신에게 질문을 던져보세요. 나는 정말로 누구에게 화가 났는지, 그저 육아에 지쳐서 배우자에게 짜증을 내고 있는 것은 아닌지, 육아 스트레스로 감정적, 육체적으로 지쳐있는 상태인지, 그것도 아니면 다른 이유가 있는 것인지 스스로에게 끊임없이 질문하다 보면 부정적인 감정이 생기게 된 원인을 찾을 수 있을 것입니다. 근본적인 원인을 파악하고 해결하여 부모가 편안한 마음 상태를 유지해야 아기가 편안한 마음으로 잠들 수 있는 수면 환경을 만들어줄 수 있습니다.

단지 육아 스트레스로 생긴 갈등이 아니라 부부의 신경전이 악화된 상황이라면 부부의 관계 회복을 위해 심리 상담을 받는 것이 도움이 됩니다.

이혼을 부르는 아기 수면 문제

수면 교육에서 가장 어려운 경우는 아기가 졸려서 잠투정을 하는데 부모가 본인의 감정 조절에 실패할 때입니다. 아기가 잠이 와서 울 때 부모의 감정까지 함께 격해져서 통제할 수 없는 단계가 되면 부부 갈등으로 이어집니다.

생후 28개월 아영이는 졸릴 때마다 1시간에서 2시간 정도 짜증을 내다 겨우 잠이 듭니다. 원래부터 잠투정이 있었지만 이제는 참을 수 있는 한계를 넘어섰습니다. 여기저기 약을 발라달라고 해서 발라주면 다시 바르라고 하고, 안아달라고 해서 안아주면 일어나라고 하고, 일어나면 다시 내려달라고 하고, 우유를 달라고 해서 주면 물을 달라고 하고, 물을 주면 다시 우유를 달라고 하고 소파에서 자고 싶다고 해서 거실로 데려다주면 다시 방에서 자고 싶다고 합니다. 소리 지르고 울면서 계속되는 아영이의 변덕스런 요구는 재우기 시작할 때부터 잠이 들 때까지 무한반복됩니다. 겨우 잠이 들어도 중간에 자꾸 깨다보니 밤새 아영이도 부모도 푹 잘 수가 없습니다. 늦게까지 잠을 안 자고 버티는 아영이를 재우는 것도 힘든데 남편은 남편대로 아이를 일찍 재우지 않는다고 아내에게 짜증을 냅니다. 아침에는 늦게 일어나고 밤늦게까지 투정하다가 잠이 드는 악순환이 계속되던 어느 날 아영이는 새벽 3시에 자다 깨서 울기 시작했습니다. 다시 재우려고 아영이를 달래고 달래다 참을성에 한계가 온 남편은 그만 아영이를 침대에 던져버리고 말았습니다. 남편은 아기를 던진 것이 아니라 감정이 격해져 실수로 세게 내려놓았다고 주장하지만, 아내가 보기에 남편의 행동은 아동 학대였습니다. 아기가 잠투정을 할 때 다독이면서 재우지는 못할망정 신경질 내며 아기를 학대하는 남편과는 더 이상 살 수 없겠다는 판단으로 결국 아내는 남편과의 이혼을 결심했습니다.

부모가 아기의 욕구에 적절하게 반응해 주는 것은 아기의 생존에 아주 중요한 요소입니다. 육아는 주로 엄마가 하게 되지만, 모든 것을 전적으로 엄마 혼자 감당할 수는 없습니다. 남편은 아기의 주 양육자인 아내를 지지하고 보호해 주어야 합니다. 아기에게 엄마의 보살핌과 보호가 꼭 필요하듯이, 아내에게는 남편의 지지와 보호가 필요합니다.

아내는 남편에게 바라는 점을 정확하고 구체적으로 알려주는 것이 좋습니다. 대부분의 남편은 아기가 한창 깨어있는 낮 시간을 직장에서 보내기 때문에 육아의 어떤 부분을 도와주어야 하는지 잘 모릅니다. 아내는 말하지 않아도 남편이 척척 알아서 참여하기를 바라지만, 남편의 입장에서는 결코 쉬운 일이 아닙니다. 나름 해야 할 일을 찾아서 해도 아내에게 핀잔을 듣는 경우가 생기고, 반복해서 지적을 당하다 보면 의기소침해져서 무엇을 어떻게 도와야 할지 혼란스러운 나머지 육아에 더욱 소극적이 됩니다.

아이를 양육하는 과정에서 부정적인 감정이 쌓이지 않으려면 부부가 함께 노력해야 합니다. 남편의 도움이 필요하지만 남편과 말을 하고 싶지 않거나, 남편에게 말을 해도 소용이 없을 것 같다는 생각이 들면 부부가 함께 상담을 받는 것도 좋습니다.

아기 탓이라는 생각

사람이 심리적으로, 육체적으로 지치면 스트레스를 받습니다. 스트레스가 지속적으로 쌓이면 번아웃(Burn-out) 상태가 됩니다. 스트레스는 일시적, 즉각적으로 나타나지만 번아웃은 한 가지 일에 집중하는 과정에서 잠복기를 거쳐 일정한 시간이 지난 후에 나타납니다. 아이를 키우는 엄마들은 육아로 인해 번아웃에 노출될 확률이 높습니다.

24시간 계속되는 육아는 엄마가 아닌 아기 중심으로 돌아갑니다. 아침부터 저녁까지 아기를 먹이고, 씻기고, 재운 후에는 밀린 집안일이 산더미처럼 쌓여 있습니다. 모든 일과를 정리하고 잠자리에 들려고 하면 어느덧 밤 수유 시간이 됩니다. 밤에도 3~4시간 간격으로 깨서 아기를 돌봐야 하는 엄마는 끊임없이 정서적, 육체적 에너지를 사용해야 하니 에너지가 바닥나기 쉽습니다. 에너지를 재충전할 수 있는 시간은 좀처럼 주어지지 않습니다. 결국 번아웃 상태가 된 엄마는 아기의 욕구에 적절하게 반응하는 것이 어렵습니다. 엄마로서 최선을 다해 아기와 눈을 맞춰야 하지만, 엄마의 눈빛은 우울하고 멍한 모습입니다. 휴식이 필요하지만 현실은 엄마가 편히 쉴 시간을 허락하지 않습니다. 지쳐버린 엄마는 아기와 충분히 교감하는 대신 엄마로서 최소한의 역할만 하는 것을 선택합니다. 24시간 내내 아기와 한 몸처럼 붙어 육아를 하다 보면 상당한 에너지가 소모되면서 아기로부터 도망가고 싶은 마음까지 생깁니다.

> '너 때문에 지겨워 죽겠어!'
> '너만 없었다면 나는 지금쯤!'

번아웃이 온 엄마들은 아주 사소한 문제나 별다른 이유 없이도 분노와 슬픔, 좌절을 느낍니다. 번아웃 상태에서는 본인의 감정을 조절하기 힘듭니다. 엄마의 부정적인 감정은 아기를 향해 날을 세우기도 합니다.

'네가 까다로워서!'

'네가 예민해서!'

'네가 잠을 안 자서!'

'네가 울어서!'

'네가 안 먹어서!'

힘든 이유가 아기 탓이라는 생각이 든다면, 먼저 자신이 번아웃 상태는 아닌지 점검해 보세요. 육아에서는 아기를 자극할 때와 아기를 이완시킬 때를 구분하는 것이 매우 중요한데 번아웃 상태에서는 그 구분이 힘들기 때문입니다. 아기가 먹고 놀 때는 자극해야 하고, 아기를 재울 때는 이완시켜야 합니다. 자극해야 할 때는 적극적으로 눈을 맞추고, 만져주고, 이야기해주고, 배가 부르게 먹여야 합니다. 잠이 들 때는 이완해야 할 때이므로 아기를 자극해서는 안 됩니다. 번아웃에 빠져 아기를 자극해야 할 때와 이완시켜야 할 때의 구분이 어렵다면, 밤에 먹지 않아도 되는 아기에게 모유 수유를 하거나, 자다 깨서 우는 아기를 안고 더 강한 자극을 하게 됩니다. 잘못된 자극의 반복이 잘못된 수면 습관으로 이어져 자극을 받아야 잠을 자는 아기가 되는 것입니다.

수민이는 저녁 8시쯤 잠이 들어 중간에 먹지도 않고 아침 6시까지 쭉 잘 잤던 아기입니다. 그러던 수민이가 8개월에 접어들자 새벽 3~4시쯤 깨서 울기 시작했습니다. 수민이 엄마는 그때마다 수민이를 안고 달래주며 울음을 그치고 다시 잠들 수 있도록 도와주었습니다. 처음에는 자다가 기어서 침대 난간을 잡고 있는 정도였지만 10개월이 넘어가자 수민이는 앉아서 엄마가 올 때가

지 울게 되었습니다.

 아기가 우는 상황을 빨리 해결하고 싶은 마음에 일시적인 방법으로 아기를 달래준 것이 결국 매일 밤 우는 아기를 달래줘야 되는 악순환으로 이어진 경우입니다. 아기가 처음 자다 깨서 울면 부모는 아이에게 무슨 일이 생긴 건지 보살펴주는 의미로 안아주거나 반응할 수 있습니다. 이후에도 아기가 계속 비슷한 시간에 깨서 울 때마다 엄마가 매번 보살펴줄 자신이 없다면 처음부터 자극을 주지 않는 것이 좋습니다.

 아기는 엄마와 연결되기를 원하는 동시에 독립하려는 욕구도 가지고 있습니다. 아기는 자신이 울 때마다 울음을 달래주는 엄마가 아닌, 자신이 해도 되는 것과 하면 안 되는 것의 경계를 분명하게 만들어주는 엄마로부터 사랑받고 보호받는다고 느낍니다. 좋은 엄마란 아기가 울 때마다 달래주는 엄마가 아닙니다. 아기의 울음을 통해 아기의 욕구를 구별하면서 반응해야 할 때 반응하고, 반응하지 않아야 할 때 반응하지 않는 엄마가 좋은 엄마입니다.

외로운 아빠

 7살, 5살, 5개월이 된 아기까지 세 명의 아이를 키우는 아빠는 퇴근 후 곧장 집으로 귀가합니다. 아무런 약속도 잡지 않고 친구들이 만나자고 해도 거절하며 최선을 다해 육아를 돕지만, 남편에 대한 아내의 마음은 늘 짜증과 불만으로 가득합니다. 셋째를 낳은 이후 아내는 부부관계까지 거절하고 있습니다. 아내와의 문제를 대화로 풀어보려고 노력했지만, 아내는 남편에게 불만이 없고 피곤할 뿐이라며 대화조차 거부합니다. 아내와는 사이는 점점 멀어져 각방까지 쓰게 되었습니다. 아내는 아이들과 안방에서 자고 남편은 혼자 작은방에서 잡니다. 셋째 아이는 아내가 원해서 낳았는데 남편은 갈수록 외롭고 죄인이 된 느낌입니다.

아빠들을 위한 육아 특강에서 만난 세 아이 아빠의 사연처럼 요즘은 과거에 비해 남자들이 적극적으로 육아에 동참합니다. 남편의 노력에도 불구하고 아내의 마음에 짜증과 불만이 있다면 아내의 일상을 살펴봐야 합니다. 단순히 '당신은 최고로 좋은 엄마다'라고 무작정 칭찬해주기보다 진심으로 아내의 이야기를 들어주는 것이 중요합니다.

위 사연처럼 아내가 대화조차 거부한 경우라면 부부 상담이 효과적입니다. 문제의 원인도 상담을 통해 찾아낼 수 있었습니다. 아내는 남편에게 불만이 있는 것이 아니라 5개월 막내가 밤에 자주 깨는 바람에 잠이 부족해서 힘든 상황이었습니다. 해결책으로 아빠는 첫째, 둘째와 함께 저녁 시간을 보내고, 엄마는 셋째의 수면 교육을 담당하기로 했습니다. 결과적으로 세 아이 모두 일정한 시간에 재우는 데 성공했습니다. 아이들이 모두 일찍 잠을 자니 저녁에 둘만의 시간을 다시 찾은 부부는 예전의 좋았던 관계를 회복했습니다. 화가 사라진 아내는 마음이 편안해졌고, 아내의 마음이 편안해지니 남편도 더 이상 외로움을 느끼지 않게 되었습니다.

남편이 스스로 알아서 육아에 참여하기란 쉽지 않습니다. 남편이 육아 휴직을 하고 아내와 함께 아이를 돌보더라도 아빠가 엄마의 역할까지 할 수는 없습니다. 아내도 어디까지 남편의 도움을 받아야 하는지, 언제 남편을 물러나게 해야 할지 알기 힘듭니다.

세계적인 아동심리 분석가인 도널드 우즈 위니콧(Donald Woods Winnicott)은 아빠가 소중한 존재가 되기 위해서는 첫째로 엄마의 마음과 몸, 두 가지 모두 행복하게 느끼도록 도와야 한다고 했습니다. 두 번째는 엄마가 아기의 삶 속에 법과 질서를 심어주는 역할을 할 때, 엄마로서의 권위를 세워주고 지지해 주어야 한다고 했습니다. 아기는 자신의 삶을 좌우하는 많은 부분들을 엄마에 의해 영향을 받기 때문에 엄마는 언제나 자신감 있는 태도를 가져야 합니다. 세 번째로 아기는 아빠가 삶에서 중요한 사람이라는 것을 허용해야 한다고 했습니다. '허용해야 한다는 것'에는 많은 의미가 함축되어 있습니다. 엄마는 의도적으로 아빠와 아기가 서로를 알아가는 시간을 만들어 주어야 합니다. 그것은 매우 가치 있는 일이며 부부가 아이에 대한 책임감을 나누어 감당하는 데에도 좋은 경험이 됩니다.

수유를 하는 아내 옆에서 남편이 아내 등을 부드럽게 쓰다듬어 주거나. 어깨에 손을 얹고 가볍게 마사지를 해준다면 아내는 남편으로부터 보호받고 있음을 느끼게 됩니다. 이와 마찬가지로 아내도 아기의 기저귀를 갈아주거나 트림을 시켜주는 남편에게 "트림은 역시 당신이 최고로 잘 시켜."라는 부드러운 말 한마디를 해줄 때 서로의 마음에 균형이 생깁니다. 이러한 배려있는 행위는 서로의 관계를 더 깊어지게 하고 회복시켜줍니다.

부부의 삶에서 기쁘고 힘들었던 순간을 함께 이겨낸 경험은 시간이 지날수록 소중한 추억으로 남게 될 것입니다.

현실 밀착 상황별 수면 교육 Q&A 77

Q1 예민한 아기에게도 수면 교육이 가능한가요?

쉽게 잠들지 못하고 오랜 시간 잠투정을 하다 자는 아기, 잠이 올 때 엄마가 안아주는 것은 괜찮지만 아빠가 안아주면 몸에 힘을 주면서 거부하는 아기를 우리는 예민하다고 여깁니다. 등에 센서라도 달렸는지, 안겨서 잘 자고 있다가도 바닥에 등이 닿는 순간 울어서 등 센서가 발달했다고 표현하기도 합니다.

그럼 이런 아기들은 선천적으로 예민함을 가지고 태어난 걸까요? 아니면 후천적으로 환경에 의해서 예민해진 걸까요? 사실 아기는 예민해서 엄마만 찾는 것이 아니고, 유난히 등 센서가 발달해서 누워서 못 자는 것도 아닙니다. 아기가 스스로 잠들지 못하는 이유는 그동안 혼자서 잠들었던 경험이 없었기 때문입니다.

아기 개개인마다 가지고 있는 성향은 다릅니다. 작은 자극에 크게 반응하는 아기가 있고, 큰 자극에도 작게 반응하는 아기도 있습니다. 잠이 올 때 어떤 아기는 잠이 온다고 온 세상에 다 알리려는 듯 힘차게 울며 강하게 표현하고, 어떤 아기는 작게 칭얼거리지만 오래도록 웁니다. 아기가 이렇게 표현할 때 부모가 반응한 방법에 따라 아기의 잠자는 습관이 형성됩니다. 강하게 울면서 표현하는 아기들도 잠이 온다는 신호에 맞춰 부모가 적절한 수면 환경을 만들어주고 올바르게 반응해주면 등을 바닥에 대고 누워 자는 아기가 됩니다. 하지만 작은 칭얼거림에 바로 부모가 수유를 하거나, 안아주거나, 유모차에 태워 달래주는 것이 습관이 된 아기는 부모의 도움 없이 혼자 자지 못합니다. 혼자 잠들 수 있는 기회가 없었을 뿐인데, 부모가 보기에는 예민한 아기인 것입니다.

예민해서 잠을 못 자는 아기는 없습니다. 아기가 잠이 온다는 표현을 할 때 부모가 만들어준 환경과 반응이 아기의 수면 습관을 만들 뿐입니다. 부모가 느끼기에 예민한 아기들도 부모가 수면 환경을 만들어주고 스스로 누워서 잘 수 있는 기회를 준다면 얼마든지 수면 교육에 성공할 수 있습니다.

Q2 수면 교육은 언제부터 시작해야 하나요?

수면 교육이란 가르친다기보다 잠잘 수 있는 환경을 만들어주는 노력에 가깝습니다. 아기가 잠잘 수 있는 환경은 아기가 태어나자마자 준비하는 것이 좋습니다. 출생 직후의 아기는 조금만 먹어도 잘 자고, 트림하다가도 잘 자기 때문에 처음 아기를 키우는 부모는 아기를 재우는 어려움을 알지 못합니다. 아기가 이렇게 쉽게 잘 때부터 부모가 수면 교육의 필요성을 느끼고 아기가 일정한 장소에서 자고 깰 수 있도록 도와주면, 자연스럽게 스스로 잘 자는 아이로 자랍니다. 그러므로 부모는 아기가 태어난 직후부터 일정한 장소에서 잠들고 일어날 수 있는 환경을 마련해야 합니다.

Q3 수면 교육이 성공할 때까지 얼마나 걸릴까요?

아기는 스스로 잘 수 있는 능력을 가지고 태어납니다. 부모가 자고 싶다는 아기의 욕구를 파악할 줄 알고 기다리면서 아기가 스스로 잠들 수 있는 기회를 준다면, 일주일 이내에도 수면 교육에 성공할 수 있습니다.

부모의 태도에 따라서는 4일만에도 아기가 안정적으로 잘 수 있지만, 한 달이 지나도 아기는 여전히 저항하면서 스스로 잠들지 못하는 경우도 많습니다. 수면 교육의 성공 여부는 부모의 일관성 있는 반응에 달려 있습니다. 아기가 먹을 때는 제대로 먹을 수 있게 하고, 놀 때는 깊게 교감하면서 잘 놀아주고, 잘 때는 스스로 자도록 기회를 준다는 원칙만 지키면 빠른 시간 안에 수면 교육에 성공할 것입니다.

Q4 통잠의 기준이 뭔가요?

통잠(Sleep Through the Night)이란 일반적으로 밤에 일정 시간 동안 스스로 잠을 유지하는 능력을 말합니다. 생후 1개월 무렵의 아기가 생후 5~6개월까지 급속하게 성장하는 과정에서 먹지 않고 잘 수 있는 시간이라고 보면 됩니다. 2개월 아기는 5시간, 3개월 아기는 6시간, 4개월 아기는 7시간, 5개월 아기는 8시간, 6개월 아기는 9시간을 먹지 않고 쭉 잘 수 있습니다. 안 먹고 잘 수 있는 것이지, 안 깨고 잔다는 뜻은 아닙니다.

아기는 깊은 잠, 얕은 잠을 교대로 잡니다. 깊은 잠을 잘 때는 중간에 기저귀를 갈아주어도 세상모르고 자지만, 얕은 잠에서는 조그마한 소리에도 깨어나 울기도 하고, 뒤집기도 하고, 앉아 있기도 합니다.

이 세상에 전혀 깨지 않고 통잠을 자는 사람은 없습니다. 성인들도 마찬가지로 깊은 잠, 얕은 잠을 잡니다. 단지 얕은 잠 단계에서 스스로 다시 자느냐, 자지 못하느냐의 차이만 있을 뿐입니다.

Q5 잠 연관과 수면 의식은 어떻게 다른가요?

잠 연관은 매일 반복되는 경험을 통해 만들어집니다. 잠 연관에는 아기 스스로 하는 것이 있고, 부모와 연결된 것도 있습니다. 아기의 잠투정을 달래기 위해 부모가 해준 행동들이 잠과 연결되어 습관으로 형성된 것이 부모와 연결된 잠 연관입니다.

아기 스스로 하는 잠 연관
- 손을 빨면서 잔다.
- 인형 또는 부드러운 이불을 만지면서 잔다.
- 등을 바닥에 대고 누워서 잔다.

부모와 연결된 잠 연관
- 모유를 먹다 젖꼭지를 물고 잔다.
- 공갈 젖꼭지를 물고 잔다.
- 엄마 품에 안겨서 잔다.
- 짐볼 혹은 유모차를 타야 잔다.

수면 의식은 잠자기 전에 하는 행동입니다. 옷을 갈아입힌 후 침대에 눕히고, 이야기를 들려주거나 책을 읽어주고, 잘 자라고 말하며 뽀뽀도 해주고, 불을 끄는 등 잠들기 전 하게 되는 일련의 과정을 말합니다. 매일 반복되는 수면 의식을 통해 아기는 편안하게 잠듭니다.

Q6 24개월이 지난 아기에게도 수면 교육이 가능할까요?

가능합니다. 수면에 대한 감각은 어릴 때 익힐수록 좋습니다. 어렸을 때 수면 문제가 있었던 아이는 성인이 되어서까지 그 문제가 이어질 수 있습니다. 24개월이 지나서도 수면 습관에 문제가 있다면 수면 교육이 꼭 필요합니다.

24개월 전후의 아이들은 자기주장이 분명하고, 운동 능력이 발달해서 부모가 수면 환경을 만들어준다고 해도 어려움을 겪을 확률이 높습니다. 그러므로 본격적인 수면 교육에 앞서 아이의 문제가 무엇인지 정확히 파악하는 것이 중요합니다.

아기 때부터 같은 문제가 이어지고 있는 경우라면, 부모가 생각하는 수면에 대한 인식부터 점검합니다. 아이가 짜증이 많거나 격한 행동을 자주 한다면 수면 부족이 원인일 수 있습니다. 부모는 내 아이가 스스로 잘 수 있다는 신뢰를 가지고, 그동안 제공해 주지 못했던 수면 환경을 마련해 주어야 합니다.

지금까지는 잘 잤는데 최근 들어 어려움을 겪고 있다면, 질병이나 여행, 친지 방문, 어린이집 등원 시작 등 아이의 생활에 변화가 있었는지 점검합니다. 변화가 있었더라도 부모가 일관성 있게 예전의 방법대로 반응하면 아이들은 다시 적응합니다.

잠을 늦게 자는 어려움이 있다면 집안에 조명을 몇 시에 끄는지, 하루 일과를 마치는 시간이 정해져 있는지 등을 점검합니다.

잠은 일찍 자는데 중간에 깬다면 분리 불안을 느끼는 것인지, 한계 설정이 없어서인지, 잠 연관 때문인지 등을 점검합니다.

  아이들은 뇌와 운동 능력이 발달하면서 수면 패턴도 달라집니다. 수면 패턴이 달라지더라도 잠이 올 때의 행동은 변화하지 않으므로 부모는 아기의 행동을 잘 지켜봐야 합니다. 사람은 반복적인 삶에서 습관적인 행동이 이어지는 것을 좋아하는데, 부모가 지속적으로 차분하고 일관성 있게 행동한다면 아이의 수면 습관도 그에 맞게 형성될 것입니다.

Q7 아빠가 수면 의식을 담당해도 되나요?

수면 교육에서는 정서적, 공간적으로 차분하고 안전한 환경을 제공하는 것이 중요합니다. 아기는 스스로 잘 수 있는 능력이 있으니 아빠도 얼마든지 아기의 수면 의식을 담당해도 됩니다. 아빠가 아기에게 소중한 존재가 되기 위해서는 함께 하는 시간이 쌓여야 하는데, 아기가 깨어있는 낮 시간에 아빠는 보통 직장에 있으니 아빠가 육아에 참여할 기회는 많지 않은 것이 현실입니다. 아빠가 수면 의식을 하면서 아기와 교감하는 시간은 아빠와 아기가 서로를 알아가는 좋은 기회가 될 것입니다. 아빠가 아기 잠자리를 보살펴주는 동안 엄마는 샤워를 하거나, 낮에 미처 처리하지 못한 일을 할 수도 있습니다.

만일 상황이 여의치 않아 아빠가 수면 의식에 참여할 수 없더라도 엄마가 아기를 재우는 과정에서 불안과 두려움을 느낄 때, 아빠가 격려와 지지로 긍정적 에너지를 주는 것만으로도 엄마에게는 큰 위로가 될 것입니다.

> **Q8 수면 교육이 아기와의 애착 형성에 방해가 되지 않을까요?**

수면 교육을 진행할 때 엄마들이 가장 걱정하는 부분이 아기와의 애착 형성 문제입니다. 아기 정서에 부정적인 영향을 주는 것은 아닐까 염려되는 마음 때문에, 수면 교육의 필요성과 중요성을 알면서도 실천하는 과정에서 어려움을 겪습니다. 아동 수면을 연구하는 많은 학자들의 의견에 따르면, 반대의 경우가 오히려 아이 정서에 더 좋지 않은 영향을 미친다고 합니다.

수면 교육의 시작은 부모가 아기의 욕구를 파악하는 것입니다. 아기가 편하게 잘 수 있는 환경을 만들어주고, 아기가 잠이 온다는 욕구를 표현하면 이 신호를 놓치지 않고 스스로 잠들 수 있도록 도와주는 것이 수면 교육입니다.

아기의 잠투정을 인정해 주고 기다려주면 아기는 스스로 잠을 잡니다. 스스로 자는 아기들의 수면은 질적으로도 양적으로도 좋습니다. 잘 자고 일어난 아기는 기분도 좋습니다. 기분이 좋다보니 잘 먹고 잘 놀게 됩니다. 하지만 아기의 정서와 아기와의 애착 형성을 걱정한 나머지 잠투정을 달래는 것에만 집중하면 안아주어야만 잠을 자는 아기가 됩니다. 새벽에 깰 때마다 달래주게 되면 아기도 부모도 잠이 부족해집니다. 잠이 부족해진 아기의 짜증은 부모를 자극하고 부모도 아기에게 짜증을 낼 수 있습니다. 이러한 악순환이 이어지면 오히려 아기 정서에 안 좋은 영향을 미치게 됩니다.

Q9 둘째가 태어난 후 첫째가 잠을 못 자요

평소 잘 자던 첫째가 동생이 생기면 안 자려고 하거나, 자다 깨는 횟수가 증가할 수 있습니다. 둘째도 돌봐야 하는 엄마 입장에서는 큰 아이가 잠을 못 자거나, 자다 깨서 울면 어떻게 해야 할지 막막해지고 스트레스가 쌓입니다. 잘 자던 아이가 동생이 태어난 이후 잠자는 것을 거부하거나, 부모 침대에 와서 잠을 자려고 한다면 수면 자체의 문제라기보다는 심리적인 관점으로 접근해야 합니다.

동생을 낳기 위해 짧게는 3일, 길게는 20여일 동안 엄마와 떨어져 있게 됩니다. 이 기간은 큰 아이에게 있어서 엄마에 대한 갈증을 느끼는 시간이었을 겁니다. 그러므로 엄마는 큰 아이가 엄마에 대한 갈증을 해소하기 위한 시간을 마련해 주어야 합니다. 신생아를 돌보기에도 시간이 부족하지만 그런 상황에서도 큰 아이에게 집중하는 시간도 필요합니다.

어린이집이나 유치원을 다니는 아이라면 등·하원을 할 때 엄마가 함께 하면 좋습니다. 아이와 헤어지거나 다시 만났을 때, 아이를 꼭 안아주면서 보고 싶을 거라고 또는 보고 싶었다고 말해줍니다. 안아줄 때는 아이가 몸에 힘을 주면서 빠져나가려고 할 때까지 힘 있게 안고 있어야 합니다. 아이가 몸에서 어떻게 반응하는지를 보면서 엄마가 아이보다 더 늦게 몸을 떼야 합니다. 아이가 떼려고 하더라도 다시 힘 있게 안으면서 "축복이 냄새는 정말 좋아.", "축복이는 너무 따뜻해.", "축복이를 안고 있으니까 너무 행복하다."라고 말하는 것도 좋습니다.

이때 다시 한번 아이에게 엄마의 눈을 보라고 하면서 잘 다녀오라고, 또는 잘 다녀왔냐고 물으며 아이와 눈을 맞추고 가만히 머물러줍니다. 아이가 엄마를 보다 다른 곳을 보다, 다시 엄마를 보다 하더라도 엄마의 시선은 아이에게 머물면서 집중합니다. 이 시간은 절대 길지 않습니다. 길어야 5분 이내로 모두 할 수 있습니다.

평소에는 아빠와도 잘 잤던 아이가 갑자기 아빠를 거부하고 엄마와 자겠다고 요구할 수도 있습니다. 잠도 자기 침대에서 안 자고 안방에서 잔다고 하거나, 자기 침대에서 잠들더라도 새벽에 일어나서 안방에서 잔다고 할 수 있습니다. 동생이 태어나면 그럴 수 있습니다. 이런 상황이 지속적으로 이어지는 것이 아니라 일시적인 것이라는 생각을 가지고 반응해 주어야 합니다.

부드럽지만 단호하게 그리고 일관성 있게 반응하는 것이 중요합니다. 아이는 스스로 잘 수 있는 능력이 있습니다. 활동하는 낮 시간에 부모와 교감하는 시간이 충분하다는 확신이 있다면 잠을 자는 시간만큼은 단호하게 하셔도 됩니다.

아이가 동생을 질투하는 것은 정상입니다. 그동안 자신에게 관심을 주던 주위 사람들의 눈길이 다른 누군가를 향해 웃어주고 기뻐하는 모습은 큰 아이의 감정에 변화를 줍니다. 격한 행동이나 과한 행동을 하며 관심을 자신에게 돌리려고 할 수도 있습니다. 아기처럼 젖병에 우유를 달라고 하거나 모유 수유를 하지 않던 아이가 자기도 젖을 먹겠다고 할 수도 있습니다. 따로 잠을 잤던 경우라도 아기처럼 엄마와 같이 자겠다고 고집을 부릴 수도 있습니다. 아이들은 자신의 감정이나 욕구를 설명하고 싶지만 어떻게 해야 할지 몰라 칭얼거리고, 짜증내고, 소리를 지릅니다. 행동에 대해서는 안 된다고 지적해야 하지만 아기가 느끼는 감정만큼은 이해하고 인정해 주어야 합니다.

동생이 생긴 이후에 어린이집을 보낸 경우에는 더욱더 아이의 마음을 살펴야 합니다. 그동안 한 개인으로서 집중적인 관심을 받던 아이였지만 단체생활을 하는 어린이집에서는 관심에서 벗어나게 됩니다. 동생의 탄생으로 전혀 예상하지 못한 상황이 가정에서, 어린이집에서 일어나기 때문에 둘째가 태어난 후 첫째가 잠을 못 잘 수 있습니다.

아이가 불안해하면, 그런 아이를 바라보는 엄마도 불안해집니다. 그럼 다시 아이는 엄마를 보면서 불안해합니다. 만약 아이가 엄마와 자겠다고 한다면 아빠가 도움을 주어야 합니다. 아빠가 격려해 주면서 큰 아이로서의 대접을 해주어야 혼돈의 상태에서 벗어나 다시 자신의 발달 상황에 맞게 성장하게 됩니다. 부모는 매 순간 첫째 아이와 둘째 아기는 서로 다른 유일한 존재라는 인식을 가져야 합니다.

Q10 조리원에서 모자동실이 중요할까요?

아기는 태어난 직후부터 엄마와 함께 해야 합니다. 아기가 건강하게 성장하기 위해서는 성인이 될 때까지 아기를 임신하고 출산했던 사람이 곁에 있는 것이 가장 이상적입니다. 그 사람은 바로 엄마입니다.

출생 후 아기는 숨결의 냄새, 목소리 톤, 얼굴의 생김새, 수유할 때의 느낌으로 엄마를 지각하기 시작합니다. 엄마는 아기의 입장에서 아기를 가장 잘 이해하고, 양육할 수 있는 유일한 존재입니다. 엄마가 아기를 돌보는 과정은 지극히 개인적이며 누구도 그 일을 대신해 줄 수는 없습니다.

출산 초기의 육아는 매우 단순합니다. 수유하고 트림시키다 보면 잠투정이라고 할 것도 없이 쉽게 자고, 기저귀를 갈다가도 자고, 엄마와 눈 맞출 새도 없이 잠을 잡니다. 이렇게 단순한 상황만이 이어지는 시기일 때부터 엄마는 아기의 욕구를 파악할 수 있어야 합니다.

아기는 울음보다는 몸으로 먼저 욕구를 표현합니다. 배가 고프다는 신호를 보낼 때는 입이나 고개 등으로 표현하고, 잠이 올 때는 하품이나 눈으로 먼저 표현합니다. 먹고 싶다는 욕구 표현과 자고 싶다는 욕구 표현을 엄마가 알아채고 그에 맞게 반응하는 것은 고도의 기술입니다. 훈련받은 간호사가 가르쳐준다고 해도 결국 엄마 스스로 여러 번의 시행착오를 통해 익혀야 하는 과정입니다.

Q11 쌍둥이 수면 교육은 어떻게 하나요?

쌍둥이를 동시에 먹이고 동시에 재우기란 어렵습니다. 엄마의 시간은 제한되어 있는데, 두 아기의 욕구를 관찰해서 각기 다르게 존중해 주기란 쉬운 일이 아닙니다. 쌍둥이 양육에서 중요한 것은 쌍둥이 각 개인이 엄마와 소통하고 교감하는 것입니다. 제한된 시간 안에서 수유, 목욕, 기저귀 갈기, 눈 맞춤 등을 모두 해야 하는 엄마가 쌍둥이의 수면 환경을 만들어주고 스스로 잘 수 있도록 기회를 주는 것은 매우 중요합니다. 아기의 수면 욕구를 관찰하고 욕구에 맞게 스스로 잠이 들도록 하는 것이 처음에는 어려울 수 있지만, 수면만 안정되어도 부모는 곧 쌍둥이가 가지고 있는 장점을 경험하게 될 것입니다.

아기 수면이 안정적으로 진행이 되려면 계획을 잘 세워야 합니다. 첫 번째로 엄마가 중심이 되어 하루는 A와, 그 다음날은 B와 공평하게 시간을 보낼 수 있도록 노력합니다. A와 보내는 날은 수유도, 기저귀 갈기도, 목욕도, 눈 맞춤도, 수면 의식도 A를 우선에 두고 반응합니다. B에게는 A를 먼저 한 후에 반응하거나, 다른 양육자의 도움을 받습니다. 그 다음날이 되면 B를 우선에 두고 반응하면서 B를 돌봐준 후에 A에게 반응합니다. 이 과정에서 엄마는 융통성 있게 우선을 둔 아기에게 집중해야 합니다. 이렇게 하는 이유는 쌍둥이를 평등하게 상대하기 위해서가 아니라, 쌍둥이 개개인을 특별한 존재로서 존중하고 인정하기 위해서입니다. '너희'들을 사랑하는 것이 아니라 '너'를 사랑한다는 것을 가르쳐주고 전달하는 과정입니다. 이렇게 한 명씩 직접적인 교감을 해야 수면 환경을 만들어줄 때, 어느 한 아기에게 죄책감이나 미안한 마음이 들지 않습니다.

두 번째로 쌍둥이를 같은 방에서 동시에 재울 것인지, 아니면 다른 방을 사용하다가 나중에 같은 방을 사용할 것인지, 처음부터 각자의 방에서 자게 할 것인지, 부모와 같이 잘 것인지 등을 결정합니다. 성장하는 과정에서 잠자는 장소를 어떻게 할 것인가는 아기들의 울음 강도와 수면 리듬 그리고 부모의 양육 스트레스 여부에 따라 정하면 됩니다.

세 번째로 아침에 같은 시간에 쌍둥이를 깨우려고 노력합니다. 같은 날 태어난 쌍둥이라도 자고 싶어 하는 시간, 자는 시간, 먹는 양, 먹는 시간은 조금씩 다를 수 있습니다. 쌍둥이가 같은 시간에 잠들고 같이 일어난다면 육아가 훨씬 수월해집니다. 잠에서 깨는 시간이 비슷하면, 비슷한 시간에 잘 수 있는 환경을 만드는 데 도움이 됩니다.

만약 아기의 수면 패턴이 다르거나 한 아기가 다른 아기의 잠을 방해한다면 당분간 둘을 다른 장소에서 재우는 것도 좋습니다. 둘을 같은 방에서 재우는 경우, 한 아기가 울 때 다른 아기가 깰 수 있습니다. 잠에서 깬 아기가 잘 자는 다른 아기의 잠을 방해하지 않도록 부모는 빠르게 반응하게 되는데, 그러한 일이 반복되다 보면 한 아기는 등을 바닥에 대고 잠을 자지만, 빠르게 반응했던 다른 아기는 안겨서 자는 습관이 생길 수도 있습니다.

Q12 아기 침대가 꼭 필요할까요?

아기 침대를 부모 침대에 붙일지, 범퍼를 이용해 아기는 바닥에서 재울지는 집안 환경과 상황에 맞게 결정하면 됩니다. 중요한 점은 아기는 항상 일정한 장소에서 자야 한다는 것과 부모와 한 침대를 사용하지 않아야 한다는 것입니다. 같은 침대를 사용하지 않을 것을 권유하는 이유는 영아 돌연사 증후군(Sudden Infant Death Syndrome, SIDS) 위험을 최소화하기 위해서입니다. 한 방에서 자는 동숙(Co-sleeping)은 부모의 선택에 의해서 할 수 있지만, 한 침대에서 자는 동침(Bed-sharing)은 안전하지 않습니다.

- 한 방에서 자는 동숙
  : 같은 방에서 잠은 자지만 침대는 따로 사용하는 것
- 한 침대에서 자는 동침
  : 아기와 부모가 침대를 공유하는 것

자동차에서 아기가 안전벨트를 거부하더라도 반드시 해주어야 하는 것처럼, 아기의 안전을 위해 아기는 아기 침대에서 자야 합니다. 아기는 선택을 할 수가 없으니 주어지는 환경에 따라 적응해야 합니다. 잠을 자는 일정한 장소를 제공하는 것은 부모가 아기에게 환경과 사물로 '안전'하다는 것을 가르쳐주는 것이고, 독립된 침대에 눕혀주는 것은 '보호'한다는 것입니다.

Q13 아기가 배 위에서만 자려고 해요

10개월 동안 엄마 뱃속에 있던 아기는 사람의 심장 소리를 듣고 싶어 하고, 몸의 진동을 느끼면서 자고 싶어 합니다. 엄마나 아빠의 배 위는 부모를 경험하고 싶어 하는 아기들에게 아주 좋은 장소입니다. 부모의 도움 없이 살아갈 수 없는 아기도 부모가 마련해 준 잠자리에서 스스로 잠들 수 있습니다. 이때 잠자리가 아빠의 배 위라면 아기는 배 위에서 자고, 침대라면 침대에서 잡니다.

갓 태어난 아기는 밤에도 2~3시간마다 일어나서 잠투정을 합니다. 안쓰러운 부모는 아기를 다시 재우려고 배 위에서 안정을 찾도록 도와줍니다. 이렇게 배 위에서 잠들었던 아기는 배 위가 아니면 안전한 장소가 아니라고 느끼고 잠에서 깨어 울기 시작합니다. 배 위에서만 편하게 자는 아기의 감정을 무시하고, 누워서 자게 하면 애착에 문제가 생기지는 않을까 부모는 걱정이 됩니다.

애착은 성숙한 부모가 사랑으로 해도 되는 것과 안 되는 것의 경계를 분명하게 그어줄 때 생깁니다. 경계는 시간적으로 공간적으로 구분되어야 합니다. 먹는 시간과 자는 시간의 경계, 낮과 밤의 경계, 노는 장소와 자는 장소의 경계를 먹고 놀고 자는 활동을 통해 확실히 구분시켜야 합니다. 아기도 무의식의 지능은 성인과 같다는 전제 하에 잠은 바닥에서 자는 것임을 가르쳐주어야 합니다.

Q14 역류 방지 쿠션이나 바운서에서 재워도 되나요?

2020년 한국소비자보호원에서는 유아용으로 사용되는 경사진 바운서, 흔들의자, 경사진 요람에서의 수면은 위험하다고 경고하고 있습니다. 평평한 바닥에 비해 아기가 목을 가누기 힘들기 때문입니다. 신생아는 기도가 상대적으로 좁고 약합니다. 역류 방지 쿠션이나 바운서에서 몸을 뒤집을 때도 위험하지만, 고개를 돌리거나 아래로 숙인 상태에서 잠이 들면 산소 부족을 느끼거나 기도가 막혀 질식 사고로 이어질 우려가 높습니다. 수유 후 트림하기 전에 잠깐 사용하는 것은 괜찮지만 잠을 자는 장소로는 적합하지 않습니다.

수면에서의 대원칙은 등을 바닥에 대고 누워 자는 것입니다. 침대에서 잘지, 역류 방지 쿠션에서 잘지, 바운서에서 잘지, 부모 품에 안겨서 잘지 아기에게 선택권을 주면 안 됩니다. 안전한 장소에서 타인의 도움을 받지 않고, 아기 스스로 잘 수 있는 방법이 무엇인지 고민하고 적합한 환경을 만들어주는 것은 부모의 역할입니다. 안전하지 않다면 그 어떤 경우에도 타협하지 않아야 합니다.

부모는 각각의 생활에서 아기에게 경계에 맞는 장소를 정해주어야 합니다. 수유는 할 때는 부모 품에서, 이유식을 먹을 때는 이유식 의자에 앉아서, 놀 때는 부모 옆에서, 잠을 잘 때는 아기 침대에서 자도록 가르쳐주어야 합니다. 이런 원칙들이 지나치게 엄격하면 아기에게 나쁜 결과를 가져오지 않을까, 정서에 부정적인 영향을 주는 것은 아닐까 염려하지 않아도 됩니다. 변하지 않는 원칙과 지켜야 하는 규칙이 있다는 것을 가르쳐주면 아기에게 시간과 공간에 대한 질서가 생깁니다.

　참고로 미국과 유럽 등에서는 경사진 요람, 흔들의자, 바운서 등에 별도의 규정을 두어 수면을 제한하고, 등받이 각도가 10도 이내인 유아용 침대에서만 수면을 허용하고 있습니다.

Q15 온도와 습도가 아기의 수면에 영향을 미치나요?

대부분의 사람은 너무 덥거나 추울 때 잠을 자지 못합니다. 어른도 한여름에 열대야로 습하거나 더우면 숙면을 취하지 못하고 잠에서 깹니다. 아기에게 적합한 실내 온도는 18~23℃입니다. 생후 몇 달 동안 아기는 스스로 체온을 조절하는 능력이 미숙하므로 부모는 아기가 안정적인 수면을 할 수 있도록 온도에 신경을 써야 합니다. 온도가 부적절하면 잠이 들거나 잠을 유지하는 데 어려움이 있기 때문입니다. 춥지 않고 덥지 않은 쾌적한 환경에서 아기가 잘 수 있도록 도와주고 싶은데, 적합한 실내 온도의 편차가 크므로 어느 기준에 맞추어야 하는지 혼란도 생깁니다.

예전에는 겨울에 찬바람이 많이 들어오고 방바닥이 따뜻하더라도 실내 공기가 차가워서 아기를 속싸개로 잘 싸매주어야 했지만, 요즘은 단열이 잘 되는 집이 많습니다. 부모는 온도계도 보지만 실제 아기가 자는 장소의 체감 온도도 살펴야 합니다. 엄마가 추위를 타는 경우 아기는 더운 환경에 노출되기 쉽습니다. 부모가 실내에서 어떤 옷을 입고 있는지에 따라 덥게 느껴질 수도 있고, 춥게 느껴질 수도 있습니다. 겨울에 침대에서 자는 것과 방바닥에 요를 깔고 자는 것도 차이가 있습니다. 침대가 창가 쪽에 있는지 아니면 창가와 멀리 있는지 등에 따라서도 아기가 잠을 자는 곳의 온도가 다를 수 있습니다. 체감 온도를 파악할 때는 엄마와 아빠가 그 온도를 어떻게 느끼는지 부부의 의견을 종합해서 객관적으로 관찰하는 것이 좋습니다.

아기가 잠을 자는 방의 온도는 21℃라고 하더라도 내복을 입고 스와들업을 입는 것과 내복만 입는 것은 차이가 큽니다. 여기에 머미쿨쿨까지 덮어준다면 실제 아기가 자는 온도는 훨씬 높다고 할 수 있습니다. 또한 수면 조끼의 소재 등도 차이가 있으므로 부모는 온도도 보지만 실제 아기가 입고 있는 옷과 싸개, 담요와 이불 등의 상태도 함께 관찰해야 합니다.

아기에게 알맞은 적정 습도는 40~60% 정도 입니다. 습도를 맞추기 위해 가습기를 사용하는 경우도 있습니다. 가습기를 사용할 때는 아기가 자는 장소에서 최소 1m 정도 떨어진 곳에 두어야 합니다. 너무 가까이 두면 가습기가 뿜어내는 습기 때문에 아기 침대에 미생물이 번식할 수 있기 때문입니다. 또한 오래 켜두면 만들어진 습기가 건조되지 않아 세균이 번식할 수 있으므로 2~3시간마다 잠시 전원을 꺼두는 것도 필요합니다. 가습기에 사용하는 물은 끓여서 식힌 것을 사용하고 차가운 김이 나오는 초음파 가습기를 권장합니다.

Q16 아기가 잘 때 백색 소음이나 노래를 들려줘도 괜찮을까요?

일상생활에서 들을 수 있는 비 오는 소리, 파도치는 소리, 시냇물 소리, 나뭇가지가 바람에 스치는 소리, 냉장고 소리, 차 지나가는 소리, TV 소리, 스마트폰 벨소리, 설거지 하는 소리 등이 백색 소음(White Noise)으로 분류됩니다. 소음이 발생하여 잠을 방해하는 경우 이를 차단하기 위해 넓은 주파수에 일정한 패턴을 가진 백색 소음을 사용하게 됩니다. 이 소리는 귀에 쉽게 익숙해지기 때문에 소음이라고 생각되지 않고 오히려 거슬리는 주변 소음을 덮어주는 효과가 있는 것으로 알려져 있습니다.

아기에게는 엄마 뱃속에서 들었던 엄마의 심장박동 소리와 혈관에서 혈액이 흐르는 소리가 백색 소음입니다. 아기들이 백색 소음을 들으면 심리적인 안정감을 느끼기 때문에 수면에 도움이 된다고 합니다. 스마트폰의 대중화로 백색 소음을 쉽게 접할 수 있게 되면서 아기가 잠을 자거나 유지할 때 백색 소음을 사용합니다.

그런데 블레이크 팝신(Blake C. Papsin) 박사는 의학전문지 《소아과학》(pediatrics)을 통해 백색 소음에 장기간 노출될 경우 소리를 처리하는 뇌의 기능에 변화가 나타날 수 있다고 경고했습니다. 백색 소음을 아기가 장시간 듣게 되면 청신경 세포에 손상이 와서 언어와 정서 발달에 장애를 초래할 수 있으므로 주의가 필요합니다.

한편 생후 2~7일된 신생아 40명을 대상으로 한 연구에서 백색 소음이 80%의 아기에게 도움이 되었다고 합니다. 주변의 소음을 덮어주는 작용을 하기 때문에 소리를 지나치게 키우지 않는다면 도움이 된다고 합니다. 구조적으로 심장박동 수와 비슷하거나 조금 느린 빠르기, 도약이 많지 않고 자연스러운 진행의 음형, 통통 튀지 않고 부드럽게 이어지는 선율 등의 백색 소음은 안정에 도움이 되는 알파파를 증가시킵니다. 사람은 일반적으로 자연스러운 백색 소음을 들으면 뇌가 불안할 때 나오는 베타파가 감소하면서 알파파의 배출량이 증가합니다. 알파파는 집중력이나 마음이 진정되는 심리적 안정에 효과가 있습니다. 따라서 브람스의 자장가나 슈베르트의 자장가 같은 잔잔한 클래식 음악, 새소리, 물소리, 자궁 안에서 나는 소리, 파도 소리, 비 오는 소리는 가정에서 발생하는 자극적인 소리를 차단하기 때문에 아기가 잠을 자는 데 도움이 됩니다.

그렇다고 백색 소음을 반드시 사용해야 하는 것은 아닙니다. 아기는 대화가 포함된 일상의 소리를 들어야 합니다. 큰 아이가 있어 작은 아이의 잠을 방해하거나, 외부 소리가 아기를 자극해서 잠을 자는 데 방해가 되는 상황이라면 외부 소리가 전달되지 않도록 환경적 역할로 사용할 수도 있습니다. 백색 소음을 아기가 자는 곳 근처에 틀어놓으면 주변 소음을 덮어주는 작용을 하기 때문입니다. 잠투정이 심해서 엄마가 너무나 힘든 경우에도 일시적으로 사용할 수 있습니다.

그러나 자연의 소리를 직접 듣는 것이 아니라 녹음된 것을 듣게 되므로 소리를 지나치게 키우지 않는 것이 중요합니다. 백색 소음을 사용할 때는 30㎝ 이상 거리를 두고 50dB 이하로 음량을 맞추어 사용해야 하며 잠이 들고나면 저절로 소리가 꺼지도록 설정하는 것이 좋습니다.

Q17 아기에게 양말을 신겨서 재워도 될까요?

피로와 불면증을 호소하는 성인의 경우 잠자리에 들기 전 20분 동안 발을 따뜻하게 하면 더 빨리 잠들고 더 오래 잘 수 있습니다. 잠자리에서 양말을 신는 것이 성인의 수면에 미치는 영향에 대한 연구에서 양말을 신으면 손과 발의 혈액이 증가해 심부 체온이 낮아져 더 빨리 잠들 수 있다고 밝혀졌습니다.

안타깝게도 아직까지 아기에게 양말을 신겨서 잠을 재우는 것이 수면에 미치는 영향에 대한 연구는 자료가 미흡합니다. 하지만 발을 따뜻하게 하는 것이 차갑게 두는 것보다 수면에 도움이 되는 것은 사실이므로 잘 때 양말을 신겨 재우는 것은 괜찮습니다.

단, 적절한 혈액순환이 가능하도록 발목이 압박되지 않고 느슨하고 착용감이 편안한 양말을 신겨야 합니다. 또한 부드러운 천연 소재로 만들어진 것을 추천합니다. 양말이 발목을 압박할 경우 불편함을 느낀 아기는 자다 깨서 울 수 있으니 신중하게 선택하는 것이 좋습니다.

Q18 손 싸개를 계속 사용해도 되나요?

아기의 손이 얼굴을 할퀸다는 이유로 손 싸개를 많이 사용합니다. 엄마 뱃속에서부터 손을 빨기 시작하는 아기들은 자기 의지로 손을 입에 넣기도 하고, 빼기도 합니다. 이때 손 싸개를 빨게 하는 것보다 맨손을 빨게 하는 것이 자극을 통한 아기 성장 발달에 도움이 됩니다. 아기는 입에 손을 넣으면서 자기 의지로 손을 움직이고 손으로 다양한 감각을 느끼며 세상을 경험하기 때문입니다.

아기의 감각기관 중 가장 빨리 발달하는 것은 입입니다. 캐나다 신경외과 의사 와일더 펜필드(Wilder Penfield) 박사는 뇌와 신체 각 부위 간의 연관성을 지도로 만든 '호문쿨루스(Homunculus)'를 통해 손과 입을 제2의 뇌라고 말하며, 뇌를 발달시키고 활성화시키려면 손과 입을 많이 사용하는 것이 중요하다고 했습니다.

아기는 양손을 멍하게 쳐다보거나, 주먹을 쥐었다 폈다를 반복하거나, 손을 꼼지락거리면서 혼자 놀기도 합니다. 주먹을 쥐어 빨기도 하고, 엄지와 검지를 입에 넣고 빨기도 합니다. 졸리면 귀를 쥐어뜯기도 하고 머리카락을 움켜쥐기도 합니다. 수유 중에는 엄마 얼굴이나 몸을 만지는 등 자신의 주변을 손으로 탐색합니다. 이런 행동들은 인지 발달과 소근육 운동 발달이 잘 진행되는 과정에서 관찰되는 정상적인 모습입니다. 생애 첫 탐색 활동을 손으로 하는 아기에게 손 싸개를 해주기보다는 맨손으로 사물을 경험할 수 있는 기회를 주는 것이 좋습니다.

Q19 수면 교육 중인데 집이 아닌 곳에서 재워야 할 때는 어쩌죠?

명절에 친지댁 방문이나 여행 등으로 낯선 곳에서 잠을 자야 하는 상황이 어쩔 수 없이 생기게 됩니다. 잘 자던 아기라도 여행이나 외출 등의 이벤트가 생기면 수면 패턴이 흐트러질 수 있습니다. 외출과 여행은 분명히 다릅니다. 외출로 인해 낮잠에 변화가 생겨도 집에 다시 돌아오면 밤잠은 평소처럼 잘 수 있습니다. 하지만 여행에서는 밤잠도 집이 아닌 다른 곳에서 자야 합니다. 아기 개월 수에 따라 여행이 수면에 영향을 미치지 않을 수도 있고, 상당한 영향을 미쳐 밤새 잠을 못 잘 수도 있습니다. 자극적인 환경과 소리 그리고 유모차나 카시트에서의 짧은 낮잠은 아기의 수면 패턴에 영향을 주기도 합니다.

집에서는 잘 자던 아기가 낯선 곳에서는 밤새 잠을 못자고 강하게 울면 당황한 부모는 아기의 울음을 멈추기 위해 다양한 방법을 동원합니다. 울음을 멈추는 데 목적을 두면 부모는 부모대로 지치고, 아기는 아기대로 자극을 받게 됩니다. 아기가 예상치 못한 울음과 행동으로 힘들어할 때는 부모 중 심적으로 더 안정된 사람이 아기를 안고 어두운 곳에 가서 몸의 진동을 느끼게 해주면 좋습니다. 이때 작지만 차분하고 평화로운 목소리로 아기의 울음에 대답하면서 몸의 진동을 아기에게 전해줍니다. 부모의 냄새와 목소리와 진동을 통해 안전한 환경과 질서 속에서 보호받고 있다는 느낌과 확신을 경험할 수 있도록 부모가 안정적으로 반응해야 합니다.

잠투정은 달래는 것이 아니라 인정하는 것입니다. 울음을 멈추는 사람은 아기입니다. 부모가 아기의 울음을 그대로 인정할 때, 아기의 혼란을 그대로 인정할 때, 아기의 혼란 속으로 들어가지 않을 수 있습니다. 아기는 낯선 환경과 자극 속에서 안전하지 않다고 느꼈기 때문에 잠을 잘 이루지 못하거나, 너무 피곤해서 하소연을 하고 있는 것입니다. '힘들구나, 피곤하구나, 오늘 속상한 날이구나'라고 아기의 감정을 공감해 주면서 부모의 평화롭고 고요한 마음을 전달해야 합니다.

Q20 낮잠 때도 밤잠처럼 수면 의식을 해야 하나요?

낮잠은 아기와 부모의 삶에 매우 중요합니다. 아기가 낮잠을 자는 동안 뇌 발달이 이루어지며, 밤에도 수유를 해야 하는 아기를 둔 부모는 아기가 낮잠을 잘 때 집안일을 하거나 휴식을 취할 수 있습니다. 낮잠을 하루에 3~4번을 자더라도 부모는 아기가 편안한 낮잠을 잘 수 있도록 수면 의식을 해주어야 합니다. 수면 의식은 밤과 낮 구분 없이 잠잘 때마다 똑같이 이루어져야 합니다. 특히 낮잠은 환경의 영향을 밤잠보다 더 많이 받기 때문에 자야 한다는 메시지가 담긴 수면 의식이 더 중요합니다.

> **Q21** 원래는 거실에서 아기와 잤는데, 아기 방에서 수면 교육을 시작해도 될까요?

생후 1~2개월까지는 수유 후 잠을 잘 잡니다. 그러다가 어느 순간부터 잠투정이 심해지게 되는데, 이때부터 안아서 재우게 되는 경우가 많습니다. 이 시기가 되기 전에 낮잠이든 밤잠이든 자는 장소를 일정하게 해야 합니다. 이는 평온함과 안전을 느끼며 아기 스스로 자는 데 도움이 되기 때문입니다. 불규칙한 수면 장소는 수면 문제로 이어질 수 있습니다.

환경이 주는 안전은 아기 수면에 있어 중요한 부분입니다. 어디에서든 잘 자던 아기였으니, 수면 때문에 수유도 거부하고 울 거라고는 생각하지 못할 수 있습니다. 일정한 장소에서 잠을 자고 깨는 것은 아주 중요한 요소이므로, 부모는 아기가 낮잠을 자는 장소와 밤잠을 장소가 동일하도록 수면 환경에 신경 써야 합니다. 사람은 누구나 자신이 잠들었던 곳에서 깨어나기를 원합니다. 수면에서는 부모와의 교감만큼이나 공간으로부터 안전감을 얻는 것이 중요합니다. 아기 방이 따로 없더라도 잠 자는 공간은 일정하게 유지하기를 권합니다.

Q22 젖이 없으면 못 자는 아기, 단유가 해결책일까요?

단유를 하기보다는 수면과 수유를 분리해서 배가 고플 때는 수유를 하고, 졸려서 젖을 찾을 때는 올바르게 잠들 수 있는 기회를 주어야 합니다. 단유를 하는 것은 문제를 해결하는 것이 아니라 회피하는 것입니다. 부모가 아기의 욕구를 구분해서 적절하게 반응해 주지 않으면 아기는 자신의 욕구나 취향 따위는 중요하지 않다고 느낍니다. 이는 성격 형성에 부정적인 영향을 미치게 됩니다. 아기는 부모로부터 감정을 존중받는 경험을 해야 하는데 첫 번째가 수유와 수면의 분리입니다.

Q23 분리 수면은 언제부터 해야 할까요?

아기가 부모와 따로 자기에 적절하다고 정해진 나이는 없습니다. 이론적으로 영아 돌연사 위험성이 줄어드는 만 1살 이후(12개월)나 초기 분리 불안이 지나는 만 1살 반(18개월) 정도쯤 시도하는 것이 좋다는 의견이 있을 뿐입니다.

수면은 부모에게도 아기에게도 매우 중요합니다. 그러다 보니 수면의 질을 위해 분리 수면을 언제 하면 좋을지에 대해 부모는 고민을 하게 됩니다. 침구 분리는 아기의 안전을 위해 당연히 하고 있지만, 방 분리는 아기의 정서에 부정적인 영향을 미치는 것은 아닌가 하는 마음에 망설이는 부모가 많습니다.

아기를 데리고 잘 것인지, 따로 잘 것인지는 아직도 논쟁이 되는 부분이고, 공통적으로 주장하는 것은 아이와 부모 사정을 고려하여 정하는 것이 특정 나이를 정해서 하는 것보다 좋다는 의견 정도입니다. 의사들은 영아 돌연사 증후군 때문에 한 방에서 자는 동숙을 권유합니다. 아기가 다른 방에서 단독 수면을 했을 때보다 안전하며, 영아 돌연사 증후군이 감소했기 때문입니다. 특히 생후 1년 동안은 부모와 아기가 침대를 공유하지 않고 같은 방에서 자는 것이 좋습니다.

스마트폰의 발달로 다른 방에서도 아기를 직접 눈으로 관찰할 수 있으니 조금 더 빠르게 분리 수면을 시도하는 부모도 많습니다. 엄마가 직장을 다니거나, 수면 부족으로 우울증 약을 먹어야 하는 경우에도 분리 수면을 고려합니다. 여기서 중요한 점은 분리 수면을 하더라도 부모는 아기에게 수면은 두려운 것이 아니라 즐겁고 평화로운 안정을 취하는 시간이라는 것을 경험하게 해주어야 합니다.

Q24 낮에는 환하게, 밤에는 어둡게 하라는 의미가 정확히 무엇인가요?

사람은 깨어 있을 때 빛이 있는 곳에서 활동을 합니다. 잠을 잘 때는 어두워야 깊이 잡니다. 낮은 환하게 밤은 어둡게 해주라는 의미는 잠을 잘 때는 어둡게 해주고, 깨어있는 시간에는 환하게 해주라는 의미로 이해하면 좋습니다. 단, 낮이라도 낮잠 시간이라면 밤처럼 어둡게 해주는 것이 좋습니다. 우리 몸의 생체 주기는 24시간보다 조금 길기 때문에 하루의 수면-각성 리듬을 규칙적으로 설정하기 위해서 기준이 되는 시점이 필요합니다. 그 시점의 구분을 빛으로 하면 좋습니다. 그래서 아침 시간에는 자고 있더라도 커튼을 치거나 불을 켜서 밝게 해주고, 저녁에는 활동하고 있더라도 커튼을 닫고 조명을 어둡게 해줍니다.

Q25 속싸개 없이 재워도 될까요?

속싸개를 하면 잠을 잘 자고, 얼굴을 손톱으로 긁어 상처가 생기는 것을 방지하고, 모로 반사도 예방이 된다고 잘 알려져 있습니다. 속싸개 사용은 자연스럽고 당연하게 인식되어 있지만, 미국소아과학회(American Academy of Pediatrics)와 대부분의 소아과 의사는 영아 돌연사 증후군의 예방을 위해 속싸개 사용을 권장하지 않습니다. 속싸개가 호흡을 어렵게 만들 수 있기 때문입니다. 그럼에도 사용을 원한다면 생후 2개월 전까지만 사용할 것을 권고하고 있습니다.

사각형의 담요를 평평하게 펼치고 아기를 올려놓은 후 모서리를 접는 방식인 속싸개 싸기는 양육자의 기술에 따라 전혀 움직이지 못하게 쌀 수도 있고, 어느 정도 여유 있게 쌀 수도 있습니다. 속싸개는 자궁 느낌이 들도록 하기 위함인데 사실 엄마 뱃속은 속싸개처럼 단단하게 조여서 팔과 다리를 전혀 움직이지 못하는 상태는 아닙니다.

속싸개뿐만 아니라 스와들업이나 머미쿨쿨 등을 같이 사용하기도 합니다. 스와들업을 입히고, 그 위에 머미쿨쿨을 덮어주는 경우, 제한된 행동으로 인해 2개월 이후 풀어 놓았을 때 허전한 느낌이 들어 자는 것을 더 힘들어하는 아기들도 많습니다. 당장에는 양육에 도움이 되는 듯하지만, 장기적으로는 아기에게 유익이 없다는 것이 최근 속싸개 사용에 대한 의견입니다. 특히 잠잘 때 속싸개를 사용하는 것은 신중해야 합니다. 2개월 미만이라도 깨어 있을 때는 사용하지 않는 것이 좋습니다. 수유 시 허우적거리면서 힘들어할 때 아기가 안정감을 느낄 수 있도록 도와주거나 깨어있는 아기를 일시적으로 진정시킬 때 유용할 수는 있습니다. 하지만 아기 스스로 조율할 수 있는 기회를 빼앗는 것은 아닌지 고민해야 합니다.

만일 사용해야 한다면, 너무 빡빡하지 않도록 가슴과 속싸개 사이에 손을 넣었을 때 느슨하면서 풀리지 않을 정도인지 확인합니다. 스와들업은 몸 움직임이 자유롭기 때문에 조금 더 오래 사용할 수 있지만 뒤집기를 시도하기 시작하는 3개월 이전부터 사용을 서서히 줄이는 것을 권장합니다.

> **Q26** 자장가를 불러주고 싶은데 어떤 노래를 선택하는 게 좋을까요?

엄마의 목소리는 아기에게 매우 익숙한 음색입니다. 매일 듣는 엄마의 목소리로 노래를 불러주면 아기는 정서적으로 안정되면서 안전하다는 것을 느끼게 됩니다. 자장가는 매일 같은 노래로 불러주어야 아기가 리듬을 기억하기 좋습니다. 태교를 할 때 틀어주었던 노래를 직접 들려주면 울던 아기가 울음을 멈췄다는 이야기도 흔합니다. 매일 같은 노래를 고장 난 녹음기처럼 반복해서 들려주는 것이 자장가를 불러줄 때의 원칙입니다.

아기 때 들었던 자장가는 향후 아기가 성장해서 유치원이나 초등학교를 다닐 때까지 들어도 정서적 안정에 도움이 됩니다. 아기 때 들었던 자장가는 청소년이 되어도, 어른이 되어도 자신도 모르게 무의식에 남아 있습니다. 무의식에 남아 있는 가사와 리듬은 살면서 힘든 일이 있을 때 위로가 됩니다. 살다 보면 힘든 일이 생깁니다. 그때 엄마가 들려주었던 노래를 다시 상기하면서 조용히 부를 수 있는 노래가 있다면 어떨까요? 그 노래가 엄마가 나에게 눈을 맞춰주면서 불러주던 노래라면 위로는 배가 될 겁니다. 바로 그러한 순간들을 위해 자장가를 불러주어야 합니다.

자장가의 가사는 따뜻하고 희망이 느껴져야 합니다. 엄마들이 〈모두 다 꽃이야〉, 〈솜사탕〉, 〈파란 나라〉, 〈참 좋은 말〉 등의 노래를 자장가로 많이 선곡하는 이유는 가사가 따뜻하기 때문입니다. 자장가를 정했다면 천천히 부드럽고 낮게 그리고 매번 고장이 난 녹음기처럼 반복하고 반복해서 들려주면 됩니다. 아이가 성장한 후 기억하지 못하더라도 부모가 들려주었던 그 리듬은 영원히 무의식에 저장될 것입니다.

> **Q27 산후관리사나 친정 엄마가 안아주면 괜찮은데, 엄마와 아빠가 안아주면 아기가 울어요**

엄마 아빠가 아이 돌보는 데 서툴거나 산후조리를 하는 경우, 많은 부분에서 친정 엄마나 산후관리사의 도움을 받습니다. 이럴 때 아기는 부모가 낯설고 불편할 수 있습니다. 반면 익숙한 외할머니나 산후관리사의 품은 편안합니다. 안아줘도 아기가 울음을 멈추지 않으면 엄마 아빠는 '내가 뭘 잘못한 게 있나?' 하고 걱정합니다. 문제는 아기가 그런 마음을 몸으로 느낀다는 겁니다.

아기는 몸으로 의사소통하고, 욕구를 표현합니다. 수유할 때, 기저귀를 갈 때, 목욕할 때 등 언제 어디서나 신체적 접촉, 말의 어조, 눈빛으로 타인의 반응을 확인합니다. 이때, 엄마와 아빠가 온몸으로 안전하다는 느낌을 전해야 합니다. 그런데 육아에 서툰 부모는 이를 제대로 하지 못해 아기를 불안하게 하고, 안전함을 느끼지 못해 울게 됩니다. 엄마와 아빠가 안았을 때 아기가 운다면 아기와 상호작용을 어떻게 하고 있는지 점검해 보시기 바랍니다.

> **Q28 너무 일찍 자려고 하는 아기, 늦게 재울 수 있나요?**

저녁에 너무 일찍 자려고 한다면 하루 일과를 전체적으로 관찰하면 좋습니다. 아침 기상 시간이 빨라서 저녁에 일찍 자려고 하는 것인지, 아니면 중간에 낮잠을 적게 자서 저녁에 일찍 자려고 하는 것인지 파악해야 합니다. 그리고 부모가 생각하기에 너무 일찍이라고 생각하는 시간이 몇 시인지도 중요합니다.

저녁에 일찍 잠을 자서 아침에 일찍 일어나기 때문에 자는 시간을 늦추고 싶다면 아침에 일어나는 시간부터 낮잠 시간까지 모두 점검한 후 시간을 조율해야 밤잠 시간을 부모가 생각하는 시간으로 맞출 수가 있습니다.

저녁 6시에 자서 새벽 4시에 일어나는 아기를 예로 들어보겠습니다. 우선, 저녁 6시에 자려고 할 때 목욕을 시키거나 물놀이 등을 해서 수면 시간을 15분 정도 늦춥니다. 단, 낮잠 시간과 밤잠 시간의 간격이 길고, 밤잠을 잘 때 쉽게 자지 못하고 많이 우는 경우라면 적당하지 않은 방법입니다.

두 번째는 저녁 6시 밤잠을 낮잠처럼 30분이나 1시간 정도 자게 한 후 깨우는 방법도 있습니다. 6시부터 자던 아기라면 30분에서 1시간 정도 짧게 재운 후 깨웁니다. 아기는 짜증을 낼 수도 있고, 수유를 해도 진행이 잘 안 될 수도 있습니다.

세 번째는 수면 환경을 바꾸는 것입니다. 친정이나 시댁을 방문해서 평소 자려고 하는 시간에 많은 사람과 놀게 하고 이불이나 환경 등에 변화를 주면서 바로 잠들지 않고 새롭게 환경에 적응하는 시간을 만드는 것도 도움이 됩니다. 해당 과정을 통해 조금씩 수면 시간을 뒤로 늦출 수 있습니다. 아기 행동을 바꿀 수 없다면, 환경이나 생활 리듬에 변화를 주어 수면 시간을 조절해야 합니다.

Q29 아기가 깊은 잠을 못 잘 때 어떻게 하나요?

아기는 깊은 잠과 얕은 잠을 번갈아 잡니다. 특히 3개월 이전 아기의 하루 수면 중 절반은 얕은 잠입니다. 얕은 잠을 잘 때 근육이 덜 성장된 아기는 움찔거리거나 모로 반사를 한 후 크고 강하게 울 수도 있습니다.

아기의 전체 수면 시간 중 절반은 울거나 움찔거리면서 깨어있는 것처럼 보여도 잠을 자는 상태입니다. 이때 아기의 뇌는 많은 영역이 깨어 있을 때와 비슷한 수준의 활성화 특성을 보입니다. 특히 감정을 처리하고 담당하는 변연계와 고차원적인 시각 정보를 처리하는 피질 영역은 깨어 있을 때보다 얕은 잠을 잘 때 더 활성화됩니다. 기억, 학습 작용과 더불어 뇌가 발달하는 시간이라는 뜻입니다.

이런 사실을 모르는 부모들은 아기가 깊은 잠을 못 자거나 아무 때나 불규칙하게 잔다고 생각하지만, 돌 전의 아기들에게는 흔한 현상입니다. 아기가 밤에 여러 번에 걸쳐 깨거나 낮잠을 20~40분 정도 잔 후에 깨는 것은 자연스러운 수면 리듬입니다.

아기들은 자던 중 이리저리 뒹굴기도 하고, 뒤집고, 침대 난간을 잡고 서서 우는 등 낮에 배웠던 몸의 기술들을 사용하기도 합니다. 이러한 행동을 하더라도 아기는 깬 것이 아니라 여전히 수면 상태라는 것을 인지하고, 아기가 스스로 다시 잠들 수 있도록 기다려 주어야 합니다. 아기 수면의 특성을 안다면 얕은 잠에서 나타나는 아기의 행동에 바로 반응하지 않고 다시 깊은 잠이 들도록 기회를 줄 수 있습니다.

> **Q30 새벽에 자주 깨는 아기는 어떻게 할까요?**

아기가 새벽에 자주 깨는 이유는 다양합니다. 정상적인 수면 패턴을 가지고 있는 사람들도 누구나 아침이 가까워지는 새벽 시간에는 수면 주기가 짧아집니다. 공동주택에 사는 사람이라면 다른 집에서 문 열고 닫는 소리, 누군가 계단을 올라가고 내려가는 소리, 엘리베이터 소리까지 들을 수 있을 정도입니다. 이와 마찬가지로 아기들도 새벽 시간에는 수면 주기가 짧아지면서 자주 깰 수 있습니다.

이때 어른들은 소리를 감지했더라도 스스로 다시 잠들지만 아기들은 잠으로 연결하는 능력이 발달되지 않아 잠에서 깨는 것입니다. 또는 개월 수에 따라서 수유를 원하기도 하고, 공갈 젖꼭지를 다시 물고 자고 싶어서 깰 수도 있습니다. 아기가 어떤 이유로 깨는지를 살펴보고 그에 맞게 반응해 주어야 합니다.

울 때마다 수유를 했거나 또는 젖을 물려 잠을 재웠던 아기의 경우, 부모는 최소 15분 정도 느리게 반응하면서 정말 배가 고파서 깬 것인지, 아니면 스스로 조금 더 잘 수 있는지 관찰하는 시간을 가져야 합니다.

밤에 너무 일찍 자서 일찍 깨는 경우라면 밤잠 시간을 점검해 봐야 합니다. 저녁 6시나 7시에 밤잠을 잔 경우 새벽 5시에 깬다면 충분히 일어날 수 있는 시간입니다. 저녁에 일찍 잠들어 새벽에 일찍 일어나는 경우라면 밤잠을 조금 늦게 자도록 잠드는 시간을 뒤로 미루는 것도 방법이 됩니다.

소리나 빛도 수면을 방해합니다. 외부 소리, 아빠의 코고는 소리, 가족 중에 일찍 일어나서 활동하는 사람의 소리에도 아기는 잠에서 깰 수 있습니다. 여름처럼 해가 빨리 뜰 때는 빛 때문에 깰 수도 있습니다. 백색 소음을 활용해 소음을 차단하거나 암막 커튼으로 빛을 차단하는 것이 좋습니다.

공갈 젖꼭지를 사용하는 경우에도 새벽녘에 자주 깰 수 있습니다. 스스로 공갈 젖꼭지를 다시 물 수 없는 아기들은 입안에 있던 공갈 젖꼭지가 없으면 부모에게 다시 물려 달라고 울 수 있습니다. 저녁에 잠을 잘 때 공갈 젖꼭지를 사용한다면 새벽녘에 깰 때 15~30분 정도 느리게 반응하면서 공갈 젖꼭지 없이 아기 스스로 잠을 잘 수 있도록 기회를 주어야 합니다.

아기가 잠에서 깨려고 할 때 부모의 침대에 데리고 와서 재우거나 부모가 아기 침대로 가서 자는 경우에도 깰 수 있습니다. 수면은 일관성 있는 반응과 더불어 일정한 장소에서 잠을 자고 깨는 것이 중요합니다. 부모가 아기 침대에 가서 자거나 아기를 부모가 자는 침대로 데리고 오는 경우 아기에게는 부모가 옆에서 자는 것이 수면 환경이므로 얕은 잠에서 깨었을 때 부모가 옆에 없다면 웁니다. 그러므로 부모는 일관성 있는 환경을 제공해야 합니다.

Q31 아기가 밤에는 엄마만 찾아요

아기들은 6~7개월이 되면 엄마를 알아보고 엄마에게서 심리적인 안정을 찾고 싶어 합니다. 놀 때는 아빠와 잘 놀았더라도 잘 때는 아빠를 거부하고 엄마만 찾는 것은 이 시기부터 나타나는 자연스러운 현상입니다. 대부분의 시간을 아빠보다 엄마와 함께 생활을 했던 아기들이 엄마를 찾는 것은 당연하다고 할 수 있습니다. 이럴 때 '어쩔 수 없다'는 마음으로 엄마가 아기를 안아주거나 반응하기보다 아빠도 중요한 사람이라는 것을 아기에게 경험시켜 주어야 합니다.

특히 잠이 올 때 안아주었거나, 모유 수유를 했던 경우에는 더욱 강하게 엄마를 찾습니다. 지금까지 잠을 잘 때 엄마가 반응했다면 아빠를 강하게 거부할 수 있습니다. 부모는 지금까지의 수면 패턴을 점검하고 아기가 엄마의 도움 없이도 잠을 잘 수 있는 방법이 무엇인지 함께 의논해야 합니다.

첫 번째로 엄마가 옆에 있다는 사실만 느끼게 해줍니다. 엄마가 옆에 있어야 자는 아기라면 엄마가 옆에서 만져주거나 안아주기보다 수면 의식 후 아기 옆에 있다는 사실만 느끼게 하는 것이 좋습니다.

두 번째로 엄마가 보기에 아빠가 서툴고 느리고 미숙하더라도 아빠에게 기회를 줍니다. 아빠가 양육에 참여하는 것은 부모와 아기 모두에게 매우 중요합니다. 엄마는 아빠가 언제 육아에 참여해야 하는지 그리고 언제 물러나야 하는지 아는 것이 쉽지 않겠지만, 아기와 친해질 수 있는 기회를 주는 사람이 엄마라는 것을 인지하고 있어야 합니다.

스스로 육아에 참여하지 못하고 수줍어하거나 쑥스러워하는 아빠도 있습니다. 이때 엄마가 긍정적인 언어와 태도로 아빠에게 기회를 주면 아빠들은 조금 더 자연스럽게 양육에 참여할 수 있게 됩니다.

세 번째로 수면 의식을 아빠가 담당하면 좋습니다. 재워주는 것이 아니라 아기의 수면 욕구를 인정하고, 잠자리 환경이 안전한지 살피면서 아기에게 안전하다는 메시지를 주어야 합니다. 이러한 메시지는 아빠도 전달할 수 있습니다. 잠이 올 때 안아주거나 젖을 주었던 경우 아기라면 계속 엄마에게 같은 반응을 요구하면서 울 수 있습니다. 그래서 아빠가 안아주는 경우 거부할 수 있지만, 안아주거나 젖을 주지 않고 등을 바닥에 대고 누워 잠드는 새로운 경험의 기회를 줄 때에는 그동안 반응했던 엄마보다 아빠가 더 유리할 수 있습니다.

Q32 밤에는 잘 자는데 낮잠을 잘 못 자요

아기가 밤에는 잘 자는데 낮잠 자는 것을 어려워한다면 그 이유가 무엇인지 살펴보고 그에 맞는 도움을 주어야 합니다. 사람은 생체 시계가 몸 안에 있습니다. 아침에 몇 시에 기상했는지에 따라, 개월 수에 따라 낮잠을 자고 싶어하는 시간이 달라집니다. 예를 들면 4개월의 아기가 아침 7시에 일어났다면 그 다음 낮잠은 그로부터 1시간 30분에서 2시간 후인 8시 30분이나 9시 사이에 자고 싶어 합니다. 같은 4개월이라고 하더라도 아침 8시에 기상한 아기는 9시 30분이나 10시에 낮잠을 자고 싶어 합니다. 성인은 24시간을 기준으로 밤에 7~8시간 정도 잠을 자고 낮에 16~17시간 정도 활동하면서 먹고, 놀고, 일하는 것처럼 4개월 아기는 낮에 1시간 30분에서 2시간 사이에 먹고 놀아야 합니다.

개월 수가 증가하면서 7개월이 되면 낮잠을 2~3회 정도 자고, 돌이 되면 1~2회 자게 됩니다. 이때 부모는 아기의 생체 시계상 언제 자야 하는지, 자고 싶어할 때의 행동이 무엇인지 파악하여 잘 수 있도록 기회를 주어야 합니다. 자야 할 때 잠자는 시간을 놓치면 잠자는 것을 어려워할 수 있습니다.

아기는 깊은 잠과 얕은 잠을 번갈아 잡니다. 얕은 잠 구간에서는 깨어나 울기도 하고, 몸을 움찔거리며 놀라는 듯한 행동을 한 후 울기도 합니다. 뒤집기를 할 수 있는 아기들은 몸을 뒤집으며 울기도 합니다. 얕은 잠 단계에서 나타나는 정상적인 행동 특성을 모르는 경우 잠에서 깼다고 생각하고 반응하거나 낮잠을 잘 자지 못한다고 생각할 수 있습니다.

 밤에 잠을 잘 잔다면 아기는 생체 시계상 밤과 낮의 구분을 할 줄 안다고 생각하면 됩니다. 그렇다면 아기는 이미 잠자는 것이 몸에 익숙한 상태인데, 낮잠 잘 때 힘들어한다면 부모가 수면 리듬을 파악해서 스스로 잘 수 있도록 기회를 주면 좋습니다. 부모의 도움 없이 잠을 자는 아기들은 스스로 낮잠 연장을 할 줄 알기 때문입니다.

> **Q33** 잠이 들려고 하면 고개를 도리도리 젓는데 왜 이러는 걸까요?

신경질적으로 고개를 도리도리 흔드는 아기들이 있습니다. 어떤 아기들은 엎드려서 몸을 흔들기도 하고, 머리를 침대 매트리스에 박고 엉덩이를 높이 치켜올린 상태에서 울기도 합니다. 이런 행동은 잠을 자려고 할 때, 자다가 깼을 때, 깊은 잠에서 얕은 잠으로 갔다가 다시 깊은 잠에 빠질 때 하는 반복적인 신체 동작으로 자기 위안을 하는 과정입니다.

지켜보는 부모 입장에서는 '아기가 잠자는 것을 이렇게나 싫어하는데 재워야 하나?'라는 의문이 듭니다. 처음에는 고개만 도리도리 젓는 정도지만 뒤집기가 자유로워지는 6개월 이후에는 엎드려서 온몸을 다해 흥분하는데 이 모습을 지켜보기란 쉽지 않습니다. 아기에게 전혀 위안이 되지 않는 것처럼 보이겠지만 정상적인 행동입니다. 이런 행동은 몇주일, 길게는 몇 달 정도 지속되다가 사라집니다.

잘 자던 아기들도 어느 날 갑자기 스스로 진정하지 못하고 잠들기 어려워하기도 합니다. 부모가 안쓰러운 마음에 반응을 해주면 행동이 더 심해지거나 잠자는 것을 어려워할 수 있으므로 잘 놀고 있고 아프지 않다면 안전한 상황인지만 지켜보면 됩니다.

낮잠을 잘 때 고개를 도리도리 저으면서 몸에 힘을 주고 있다면 잠을 자고 싶지 않은가 하는 마음에 안아줄 수 있습니다. 처음에 잘 모를 때는 안아주는 것도 괜찮습니다. 안기지 않고 몸에 힘을 주면서 더 강하게 버둥댄다면 안아주는 것이 싫다는 표현을 더 선명하게 하는 것입니다.

아기가 고개를 도리도리 젓는 행동을 할 때 몸만 보거나 울음만 들으면 기다려주기 힘듭니다. 그 전에 언제 먹었는지, 잠은 언제 잤는지, 생체 시계상 자고 싶어 하는 시간이 맞는지, 부모와 소통을 하려고 하면서 의식이 있는지까지 관찰해야 합니다. 부모와 눈 맞춤을 시도하면서 운다면 잠시 반응을 해도 되지만 눈을 감고 운다면 아기 옆에서 위험하지 않은지만 지켜봅니다. 지켜보는 과정에서 부모는 안전한 환경을 만들어줍니다. 아기 머리가 보호되도록 고정된 범퍼 등을 둘러주어야 합니다.

머리를 부딪치거나 몸을 흔드는 증상이 잘 때가 아니어도 나타나거나, 아기의 발달 상황이 전반적으로 월령에 맞지 않다면 소아과 전문의의 상담이 필요합니다.

Q34 밤잠에서 일찍 깬 경우 어떻게 해야 하나요?

수유를 해야 하는 시간이어서 깨는 것이라면 수유를 하면 됩니다. 하지만 수유를 하지 않아도 되는 시간인데 깨는 경우라면 그 이유가 무엇인지 살펴봅니다.

첫 번째는 수유를 해야 하는 시간이어서 깨는 경우입니다. 생후 3개월은 6시간, 4개월은 7시간, 5개월은 8시간 정도 안 먹고 잘 수 있습니다. 밤중 수유의 경우 부모가 안 주는 것이 아니라 아기가 스스로 안 찾아야 합니다. 낮 시간에 충분한 수유를 하면 아기가 먹어야 하는 시간에서 1시간이라도 더 자게 됩니다. 또한 먹어야 하는 시간이라고 하더라도 진짜 먹을 것인지, 습관적으로 깨는 것인지 관찰하는 시간을 가져야 합니다. 빠르게 반응을 해주었던 경우 습관적으로 그 시간에 깨서 수유를 원할 수 있습니다. 습관으로 이어지지 않으려면 아기가 깨더라도 15~30분 정도는 다시 잘 것인지, 진짜 배가 고픈 것인지 파악하기 위해 기다리면서 아기 욕구가 무엇인지 구분하는 시간을 가져야 합니다.

두 번째는 수유를 하지 않아도 되는 시간인데 아기가 깨는 경우입니다. 이럴 때는 잠을 잘 때 부모가 어떤 반응을 하고 어떤 도움을 주고 있는지 살펴봐야 합니다. 공갈 젖꼭지를 사용하는 아기가 깊은 잠이 들면서 입안에 있던 공갈 젖꼭지가 빠지면 아기는 자다 깨서 다시 물고 싶어합니다. 젖을 먹었던 경우는 젖을 주어야 자고, 안아 재웠던 경우는 다시 안아달라고 깨서 울 수 있습니다.

세 번째는 밤에 먹지 않고, 혼자서 잘 잤던 아기가 밤에 깨는 경우입니다. 불편한 곳이 없는데 며칠 동안 비슷한 시간에 깬다면, 그리고 낮 시간에 아프지 않았고 자극되는 것이 없었다면 부모는 반응하지 말고 기다려주어야 합니다. 베이비 캠이 있으면 부모는 일어나지 않고 부모의 잠자리에서 관찰하기가 수월합니다. 캠이 없다면 아기의 상태를 관찰할 수 있는 곳에서 안전한지 그리고 다른 이유가 있는지 살펴보되, 반응하지 않아야 합니다.

> **Q35** 수면 의식을 한 뒤 방에서 나오려고 할 때
> 아기가 울어요. 옆에 있어줘야 하나요?

수면 의식을 하고 방에서 나오려고 하는데 아기가 운다면 그 울음이 의식이 있는 상태에서 우는 것인지, 아니면 혼자 잠이 드는 과정에서 우는 것인지 구분해야 합니다. 아기들은 잠을 잘 때 전혀 울지 않고 잘 때보다 단 1분이라도 울다가 잠을 자는 경우가 더 많습니다. 부모의 입장에서는 우는 것이 마음이 아파 반응해 주겠지만, 이는 향후에 스스로 잠을 자지 못하고 부모의 반응이 있어야 자는 아기가 될 수 있습니다. 그러므로 부모는 수면 의식을 한 후 방에서 나오려고 할 때 아기가 자기 위해서 우는 것인지, 아직은 의식이 있는 상태에서 교감이 더 필요한 것인지 구분할 줄 알아야 합니다.

혼자 자는 것이 익숙한 아기들은 부모가 일정한 수면 의식을 한 후 아직 의식이 있는 상태에서 '잘자'라고 뽀뽀를 한 후 방에서 나가도 스스로 잠을 잡니다. 이때 아기는 부모의 당당함을 경험합니다. 부모가 당연하다는 듯이 '잘자'라고 말하고 나오면 아기는 '자야 하는구나'라고 생각하고 스스로 잠을 잡니다. 반면 부모가 미안한 마음이나 불안한 마음이 있다면 아기도 불안하게 느낍니다.

아직 부모가 혼란스러운 상태라면 아기가 잠이 들 때까지 옆에서 가만히 있다가 나와도 됩니다. 아기 눈을 봤을 때 아기가 잠이 와서 눈을 감고 우는 상태라면 나와도 됩니다. 나올지 머물지를 부모가 결정하는 것이 아니라 아기가 결정하도록 아기 행동을 살펴봅니다. 눈을 감고 운

다는 것은 아기가 혼자 잠을 자기 위해 노력하는 시간이라고 생각하고 부모는 아기가 혼자 자는 경험을 할 수 있는 기회를 주어야 합니다.

부모는 안전하게 잠들 수 있는 환경과 아기 스스로 잘 수 있는 기회를 주는 사람입니다. 기회가 주어져야 아기에게 스스로 잠을 자는 경험이 쌓여 혼자 잘 수 있게 됩니다.

> **Q36** 밤잠은 일정한 시간에 자는데,
> 자기 전 1시간은 꼭 울어요

낮에는 5분 이내로 잠이 드는데, 밤에는 1시간 정도 매일 울면서 있는 힘껏 안 자려는 듯한 행동을 보인다면 부모는 어떻게 해야 할까요? 이럴 때 부모는 아기가 반드시 자야 할 시간이고, 자고 싶어 한다는 확신을 갖고 일관되게 반응해야 합니다. 부모 입장에서는 계속 울면서 못 자는 아이를 보고 안타까운 마음이 드는 것이 당연합니다. 그러나 아기의 행동에 매번 다르게 반응하면 아기는 부모의 각기 다른 반응 때문에 잠자는 것을 더욱 힘들어합니다. 또한 아기가 우는 이유가 무엇 때문인지 파악해야 합니다.

부모의 도움이 반드시 필요한 상황인지 구분하는 것은 아기의 욕구가 무엇인지 마음을 살펴주는 것과 같습니다. 건강한 양육이란 부모와 아기가 서로 교감하고 소통하는 과정입니다. 부모가 아기를 일방적으로 대한다면, 정신적으로 안전하다는 메시지를 주지 못합니다.

밤잠을 잘 때 운다면 다음의 상황을 살피고 그에 맞는 적절한 도움을 주어야 합니다.

첫 번째는 수유양이 적절했는지 확인합니다. 하루에 먹는 총 양이 700~900㎖ 사이라면 수유로 인한 문제는 아닙니다.

두 번째는 생체 시계상 잘 시간을 놓쳐 다시 각성 상태가 된 것은 아닌지 관찰합니다. 아기는 잠을 자야 할 시간이 지난 경우 극도로 예민해져서 울게 됩니다. 낮잠과 밤잠 사이 간격이 생후 2개월에는 2시간 정도, 4개월에는 2시간 30분 정도입니다. 9개월이 되면 4시간 정도까지 깨어 있습니다. 이를 참고하여 아기가 낮잠에서 언제 깼고, 낮잠을 얼마나 잤는지 관찰하면서 밤잠 시간을 조절합니다.

세 번째는 수면을 잘 할 수 있는 환경인지 살핍니다. 사람의 생체 시계는 거주 지역의 아침과 저녁 시간에 따라 영향을 받습니다. 영국에 거주하는 사람은 영국의 해가 뜨고 지는 시간을 기준으로, 한국에 거주하는 사람은 한국의 해가 뜨고 지는 시간을 기준으로 생체 시계가 조절됩니다. 해가 뜨는 것은 아침이 시작되는 것이고, 해가 지는 것은 저녁이 시작된다는 의미입니다.

아기가 밤잠을 잘 시간이 되면 최소 1시간 전에는 방안의 조명을 어둡게 해 편안하게 잘 수 있는 환경을 만들어주어야 합니다. 또한 목욕, 마사지 그리고 책 읽어주기 등으로 신체와 마음이 안정되고 차분해지도록 해주면 아이는 밤잠을 자야 할 시간을 학습하게 되며 편안하게 잠들 것입니다.

> **Q37** 낮잠을 짧게 자고 일어난 아기가
> 더 자고 싶어 하면 더 재워야 할까요?

생후 3~4개월 이전의 아기들은 아직 수면 리듬이 발달하지 않아 뇌의 각기 다른 영역에서 정반대의 메시지를 받습니다. 수면 리듬으로 볼 때는 잠을 잘 시간이지만, 각성 리듬에서는 깨어 있으라는 메시지를 받아 피로가 가시지 않은 상태이다 보니 자고 일어나 울거나 더 자고 싶어 합니다. 생후 4개월 이전의 아기가 얕은 잠을 자면서 눈을 뜨고 울거나 손가락을 빤다면 깨어있는 것처럼 보이지만 사실은 자고 있는 상태입니다. 이런 현상을 부정 수면(Indeterminate Sleep) 또는 불확정 수면(Ambiguous Sleep)이라고 하는데, 4개월 이후가 되면 불확정 수면이 서서히 감소합니다. 깊은 잠을 잘 때는 신체가 회복되고, 얕은 잠은 정서와 감정 회복에 중요한 역할을 하므로 아기가 낮잠을 30~40분 정도 자고 일어나서 더 자고 싶어 한다면 더 잘 수 있는 환경을 만들어 줄 것을 권유합니다.

더 잘 수 있는 환경을 갖추려면 스스로 잠들 수 있어야 합니다. 3~4개월 이전에는 생리적 요인으로 낮잠 연장이 어렵다면, 3~4개월 이후에는 육아 방법에 따라 잠자는 것을 어려워할 수 있습니다. 3~4개월 이전에 낮잠을 20~40분 정도 자고 깨서 울 때 안아주거나 젖을 주거나 공갈 젖꼭지를 사용해서 잠을 연장했던 아기의 경우 이것이 학습이 되어 3~4개월 이후에도 지속적으로 안아주거나, 젖을 주거나, 공갈 젖꼭지를 주어야 잠을 자는 아기가 될 수 있습니다.

Q38 잠투정이 애착 형성에 문제가 되나요?

애착 형성에 영향을 주는 것은 아기의 잠투정이 아니라 부모의 반응입니다. 아기는 잠투정을 할 때 강하게 몸부림을 치면서 웁니다. 이 모습을 지켜보는 부모는 마음이 아파 아기가 진정을 할 수만 있다면 어떤 방법이라도 시도하겠다는 마음으로 반응하게 됩니다. 짐볼에 태우기도 하고, 차를 타고 드라이브를 가기도 하고, 수유도 하고, 공갈 젖꼭지를 물려보기도 하고, 욕실 물을 틀어 물소리를 들려주기도 합니다.

부모의 다양한 노력에도 아기는 더 강하게 울면서 짜증을 냅니다. 몇 시간이 지나도 안정이 되지 않고 이런 행동이 몇 주일째 이어지면 부모도 지치고 화가 나기 시작합니다.

부모가 화가 나는 감정을 조절하지 못하면 먹지 않겠다고 하는 아기 입에 우유병을 넣고 강하게 흔들거나, 공갈 젖꼭지를 입에 넣고 뱉어내지 못하게 힘을 주거나, 심한 경우 아기를 때리고 소리를 지르기도 하며 부모의 감정은 점점 극한 상황으로 이어지게 됩니다.

잠투정이 심하더라도 부모의 정서가 안정되어 있다면 애착 형성에 문제가 되지 않습니다. 하지만 잠투정으로 인해 부모가 불안하거나 극한 감정 상태에 놓이게 되면 애착 형성에 문제가 됩니다.

Q39 등 센서가 너무 예민하면 안아서라도 재워야겠죠?

'등 센서'란 아이를 키우는 사람들 사이에서 자주 사용되는 단어입니다. 등 센서는 아기들에게만 있다는 제6의 감각으로, 수유 후 트림을 시키는 중에 아기가 품에 안겨 잠이 들어 바닥에 내려놓았을 때 잠으로 이어지지 않고 깨서 울면 등 센서가 작동한다고 표현합니다.

몇십 분을 안고 겨우 재웠는데 눕히자마자 깨서 울면 난감합니다. 이렇게 부모를 자극하는 등 센서는 아기의 수면 리듬과 관련이 있습니다. 아기가 깊은 잠과 얕은 잠을 번갈아 잘 때 깊은 잠 단계에서는 기저귀를 갈아도 잘 잡니다. 하지만 얕은 잠 단계에서는 작은 소리에도, 아주 조그마한 터치에도 화들짝 놀라며 깨어나 웁니다.

아기를 침대에 내려놓자마자 운다면 바로 다시 안아 재우기보다 침대에 눕힌 상태로 다시 잠들 때까지 기다려주는 것이 좋습니다. 이때 아기는 부모의 품만큼 침대도 안전하다는 것을 경험해야 합니다. 그런데 부모가 바로 안아주면 아기는 침대에서 편안하게 잠드는 경험을 하지 못합니다. 경험이 없는 아기는 부모의 개입이 있어야만 자게 되므로 아기의 의식이 있는 상태에서 침대에 내려놓는 것이 좋습니다.

Q40 잠투정이 너무 심해서 정신적으로 힘들어요

매뉴얼도 없는 양육을 하는 것은 어렵고 처음부터 잘하는 사람은 없습니다. 부모가 안정되지 않은 상태에서 아기를 도울 수 없으므로 많이 지쳐있다면 정신적으로 휴식할 수 있는 방법에 대해 고민해야 합니다.

우선 부모가 충분한 수면을 취해야 합니다. 직장을 다니는 아빠는 아빠대로 수면이 필요하고, 밤에도 일어나서 수유를 해야 하는 엄마는 엄마대로 수면이 필요합니다. 잠이 부족하면 정신적으로 불안정하기 때문에 잘 수 있는 방법을 찾아야 합니다. 상황이 된다면 베이비시터나 친정, 시댁의 도움을 받는 것도 좋습니다.

두 번째로 부모에게 불안감이나 우울증이 있는지 점검해 봐야 합니다. 불안이나 우울은 원래 가지고 있던 문제일 수도 있고 출산 이후 겪게 된 어려움일 수도 있는데, 이는 전반적인 육아에 영향을 미칩니다. 증상이 있다면 심리 상담을 통해 적극적으로 그 원인을 찾아내고 도움을 받아야 합니다.

세 번째로 주변 사람들의 지지가 필요합니다. 조언은 정신적으로 힘든 부모들에게 더욱 혼란을 줄 수 있으니, 조언보다는 지지와 격려를 해주는 사람과 이야기를 나누는 것이 좋습니다.

Q41 우는 강도가 1인지 3인지 어떻게 구분하나요?

우는 강도가 1일 때는 울음소리가 크지 않고 칭얼거리는 수준입니다. 눈도 뜨고 있고, 부모와 눈 맞춤도 하고, 몸도 많이 움직이지 않는 상태입니다. 부모가 아기 눈을 보면서 말을 하면 눈을 맞추거나 울음이 잦아드는 느낌을 받습니다. 만일 부모가 말을 걸었는데 울음이 더 커지기 시작하면 그때는 안아주면 됩니다.

우는 강도가 2일 때는 팔과 다리의 움직임이 큰 상태입니다. 목소리도 크고 울음 소리도 길게 냅니다. 누군가를 찾듯이 고개를 움직일 수도 있습니다. 부모가 아기 눈을 보면서 말을 걸면 울음이 잦아들거나 더 크게 울 수 있습니다. 울음이 잦아들다가 커지기를 반복하면 안아주고 잦아들면 눈을 보면서 이야기를 해주며 아기와 소통합니다.

우는 강도가 3일 때는 눈을 감고 있고 팔과 다리의 움직임이 활발하거나, 양팔과 다리가 침대에 이완된 상태로 있다가 움직일 수도 있습니다. 이때는 울음소리가 크지만 아기가 눈을 감고 있다면 위험한 상태가 아닌지 관찰하면서 지켜보아야 합니다. 보통 아기 울음소리가 크면 더 빨리 안아주게 되지만 눈을 감고 있다면 1~2초 정도라도 아기의 눈을 보면서 아기가 소통을 하려고 하는지 살펴봅니다. 소통을 원하는 아기는 눈을 완전히 뜨진 않더라도 뜨려고 노력하는 모습을 보입니다. 부모가 말을 걸어도 반응이 전혀 없다면 기다려줍니다. 조금이라도 부모 말을 듣는 듯이 잠깐 멈추었다가 다시 크게 운다면 안아주어야 합니다.

Q42 아기가 귀를 긁거나 때려요

잠이 올 때 눈을 비비는 아기도 있고, 자기 머리카락을 잡고 우는 아기도 있고, 귀 주위를 만지거나 잡아 뜯는 아기도 있습니다. 아기와는 언어적 소통이 되지 않으므로 어떤 이유로 귀를 긁거나 때리는지 살펴보아야 합니다.

첫 번째는 졸릴 때 하는 행동일 수 있습니다. 귀를 만질 수 있는 아기는 눈도 비비고, 머리카락을 잡으려는 행동을 같이 합니다. 귀를 만지면서 눈을 껌벅이기도 하고, 하품도 하고, 눈도 비빈다면 졸리다는 신호이니 침대에 데려가 잘 수 있도록 기회를 주면 됩니다.

두 번째는 중이염이 있을 수 있습니다. 잠이 올 때뿐 아니라 깨어 있을 때도 귀를 자꾸 만지고 긁는 행동을 한다면 소아청소년과 병원을 방문해 귀에 이상이 있는지 확인해야 합니다.

세 번째는 아토피라고 단정 지어 말하기는 어렵지만 피부에 가려움증이 심해지면 자주 긁을 수 있습니다. 부모가 봤을 때도 피부에 이상 증상이 관찰되므로 진물과 부스럼증이 생기기 전에 소아청소년과 진료를 받아야 합니다. 의사의 안내에 따라 피부가 건조하지 않도록 관리하면서 아기가 맨손으로 귀를 만지지 못하도록 해야 합니다.

Q43 산후관리사의 손을 타버렸어요

우리는 흔히 사람 품에서 안겨 자는 아기를 보고 손이 탔다고 말하는데, 모든 아기는 손이 탄 상태로 태어난다고 봐도 됩니다. 아기는 태어나기 전부터 열 달 동안을 엄마 뱃속에 안겨 있었습니다. 한 번도 평편한 바닥에 누워본 적이 없어 아기는 사람이 안아주었을 때 안전하다고 느낍니다. 졸려서 울 때마다 병원이나 산후조리원에서는 간호사나 산후관리사가 안아주었을 것입니다.

아기가 사람 품에 안겨서 자는 것이 습관이 되었다면 바닥에서 자는 것도 안전하다는 것을 아기에게 경험시켜 주어야 합니다. 아기 스스로 자고, 깼을 때 아무 일도 벌어지지 않는다는 것을 부모와 아기 모두 경험해야 합니다.

잠이 오면 아기는 외부에 '졸리다'는 신호를 보냅니다. 배가 고플 때 보내는 신호가 있고, 놀고 싶을 때 보내는 신호가 있듯이 자고 싶을 때 보내는 신호가 있습니다. 아기는 체면도 없고, 배려도 없습니다. 아기는 감정에 매우 충실합니다. 아기는 온몸으로 자기의 욕구를 부모에게 적극적으로 알려줍니다. 이를 관찰하여 아기의 욕구를 인정해 주고 존중해 누워 잘 수 있도록 기회를 주면 됩니다.

Q44 아기가 울면 어떤 것부터 확인하면 좋을까요?

말을 못하는 아기에게 울음은 언어라고 하지만 부모는 아기의 울음이 행동 언어로 들리지 않습니다. 귀엽고 사랑스러운 아기가 울면 부모는 수유를 하거나, 공갈 젖꼭지를 물리거나, 안아서 흔들어 주는 등 어떻게 해서든 울음을 그치게 하려고 합니다. 이러한 노력으로 잠시 아기의 울음을 멈추게 할 수는 있지만 근본적인 해결책은 아닙니다. 오히려 부모는 아기가 다시 울까봐 불안한 상태가 됩니다. 이때 부모는 침착하게 아기가 무슨 이유로 우는지, 아기가 원하는 것이 무엇인지 관찰해야 합니다.

첫 번째로 아기가 울면 안전한 상황인지 확인합니다. 이불이 아기 얼굴을 덮었는지, 게워낸 것이 있는지, 열이 있는지, 다른 불편한 상황은 없는지 살펴보는 것이 최우선입니다. 아기의 안전을 파악하는 데는 몇 초밖에 걸리지 않습니다. 눈으로 보기만 해도 아기의 상태를 파악할 수 있습니다.

두 번째로 배가 고픈 건 아닌지 관찰합니다. 아기를 처음 대하는 부모는 아기의 울음 구별이 어려워 울 때마다 배가 고픈 것은 아닌가 하는 마음에 수시로 수유를 합니다. 이때 아기가 진짜 큰 호흡으로 삼키는 소리를 내면서 먹는지, 얕은 호흡으로 오물거리기만 하는지 확인해야 합니다. 진짜 큰 호흡으로 삼키는 소리를 내면서 먹으면 배가 고픈 것이고, 얕은 호흡으로 오물거릴 경우 잠투정일 확률이 높습니다. 생후 30일 이상 된 아기들은 엄마가 주어서 먹는 것인지, 아니면 진짜 배고파서 먹는 것인지 먹는 양과 먹다가 중간 중간 먹지 않는 모습을 보이는지 파악해야 합니다.

  세 번째는 졸려서 울 수 있습니다. 아기가 졸려서 우는 것인지 잘 모를 때는 그 전에 언제 일어났는지, 깨어있는 시간이 몇 시간이었는지 관찰합니다. 2개월 된 아기는 1시간에서 1시간 30분 정도, 6개월 된 아기는 2시간에서 2시간 30분 정도 깨어 있기 때문에 깨어있는 시간이 어느 정도 되었는지 알면 됩니다. 시간과 더불어 아기의 행동도 관찰합니다. 하품을 하고, 눈을 비비고, 귀를 잡아 뜯고, 눈에 힘이 풀리면서 다른 곳을 응시한다면 졸려서 우는 것입니다. 그럴 때는 침대에 눕히고 혼자 잘 수 있도록 기회를 주어야 합니다.

Q45 졸리다는 신호를 어떻게 파악하나요?

아기는 생체 시계의 리듬에 따라 졸음이 오거나, 자고 싶으면 반드시 신호를 보냅니다. 눈을 비비고, 하품을 하고, 귀를 잡아 뜯기도 하고, 과하게 웃기도 하고, 칭얼거리면서 짜증을 내기도 하지만 강하게 울기도 합니다. 이렇게 다양한 신호로 부모에게 졸리다는 표현을 아주 선명하게 합니다. 그래서 부모가 아기의 행동을 관찰하면 수면 욕구를 구분하는 데 도움이 됩니다. 하지만 행동으로만 아기 욕구를 파악하기에는 어려움이 있습니다. 그래서 아기의 생체 시계도 같이 봐야 합니다.

생체 시계를 볼 때는 아기가 몇 시에 자는지가 아니라 아기가 아침에 몇 시에 일어났는지를 봅니다. 같은 아기라도 어제와 오늘의 생체 시계는 다를 수 있습니다. 아침 7시에 일어난 성인이 저녁 11~12시에는 잠을 자야 하듯이, 2개월 아기는 일어난 후 1시간에서 1시간 30분 후에는 잠을 자고 싶어 합니다. 4개월 아기는 1시간 30분에서 2시간, 9개월 아기는 2시간 30분에서 3시간이 지나면 졸음을 느낍니다. 이렇게 깨어있는 시간이 성장하면서 점차 늘어나지만 언제 깨어 있을 것인지, 언제 잘 것인지는 아기마다 다릅니다. 자는 시간과 깨어있는 시간은 아기의 생체 시계에 따라 결정된다고 보면 됩니다.

이처럼 부모가 아기의 수면 신호를 파악할 때는 아기의 생체 시계와 행동을 함께 관찰해야 합니다. 잠에서 일어나면 다음 잠은 언제 자야 할지 미리 예상해두고, 그 시간쯤 아기가 칭얼거리거나, 눈을 비비거나, 하품을 한다면 그때가 자야 하는 시간이라고 확신할 수 있습니다.

Q46 잠든 아기는 어떻게 깨울까요?

잠드는 과정도 어려움이 있지만 자는 아기를 깨우는 것도 쉽지 않습니다. 수유를 해야 하는 시간이 지났는데도 계속 자는 경우, 늦은 오후 낮잠을 길게 자는 아기를 깨워야 하는 경우에는 환경을 이용해 깨우는 것이 좋습니다. 그 다음에는 마음이 따뜻해지도록 부드럽게 깨웁니다. 깨우는 방법에 따라 아기가 일어났을 때 짜증을 많이 낼 수도 있고, 부모의 바람대로 자연스럽게 깰 수도 있습니다.

첫 번째로 환경을 이용해 깨우는 방법입니다. 약간 어두운 상태에서 잠을 자고 있었다면 커튼을 열어 햇살이 비치도록 환하게 해줍니다. 조명을 켜서 빛으로 환하게 해주어도 됩니다. 그 후에는 방문을 열어 생활소음을 들려주면 좋습니다.

두 번째는 부드럽게 깨우는 방법입니다. 아기 옆에서 아기 눈꺼풀이 움직이는지 보면서 잠을 잘 때 수면 의식을 했던 것처럼 아기에게 이야기를 해줍니다. 아기가 자는 동안 엄마가 무엇을 했었는지 이야기해 주며 자연스럽게 아기가 깨도록 합니다. 그래도 아기가 깨지 않는다면, 아기를 싸고 있는 것들을 벗겨주거나 기저귀를 조심스럽게 제거해 줍니다. 빠르게 하면 손길이 거칠어질 수 있으니 천천히 부드럽게 해줍니다.

Q47 보조 양육자가 수면 의식을 담당해도 될까요?

그동안 생체 리듬에 맞춰 일관성 있는 수면 의식 속에 잠을 잤던 아기라면 엄마가 아닌 다른 사람이 돌보더라도 안정적으로 잠을 잘 수 있습니다.

보조 양육자가 엄마와 같은 안정된 환경을 제공한다면 아기는 공간적 환경이 주는 안정감 때문에 어려움 없이 잠이 듭니다.

단, 아기가 자는 장소는 변함이 없어야 하고, 일관성 있는 수면 의식으로 아기에게 공간적, 정서적 환경을 제공해야 합니다. 보조 양육자도 안전하다는 것을 경험한 아기는 생체 시계의 신호에 따라 잠을 잘 수 있습니다.

Q48 트림시킬 때 아기가 잠이 들어버려 눕혀서 재우기 어려워요

수유를 할 때부터 졸려하다가 트림을 시키는 과정에서 잠이 드는 것은 2~3개월 이전의 아기들에게 나타나는 자연스러운 현상입니다. 기분 좋게 먹고 트림하는 과정에서 힘이 빠지며 고개를 부모의 몸에 안기듯이 기댄다면 아기의 머리 방향을 다른 쪽으로 바꾸어봅니다. 방향을 바꾸어도 고개 힘이 풀리면서 자는 듯하면 잠들기 전에 아기를 바닥에 내려놓아야 합니다. 바닥에 내려놓았더니 자려고 한다면 기저귀를 갈아주면서 아기 몸을 부드럽게 터치합니다. 그래도 잠을 잔다면 재워도 되지만, 이런 상황이 계속 반복된다면 조금 더 빠르게 부모가 반응하는 것이 좋습니다.

자는 것은 단독으로 이루어져야 합니다. 먹다가 자지 않아야 하는 것처럼 품에 안겨서도 자지 않아야 합니다. 잠은 바닥에 누워서 자는 것이라고 가르쳐주어야 향후 성장하면서 부모의 품이 아닌 침대에서 자는 아기가 됩니다.

오늘 한번이야 품에 안은 채로 재워도 되지만 내일도 모레도 계속 이어지다 보면 밤새 품에 안겨 자는 것을 선호하는 아기가 됩니다.

그러므로 부모는 트림하는 과정에서 아기가 졸려하는 듯한 행동을 하면 잠이 들기 전에 침대에 내려놓아야 합니다. 만일 아직 잠을 자야 할 시간이 아니라면 적극적으로 깨웁니다. 자야 하는 시간에 잠을 자야 한다는 것을 부모도 아기도 배워야 합니다.

> **Q49** 아기가 하품을 하면 재우기 시작하는데 맞는 방법인가요?

졸음이 오면 아기는 자기 욕구 표현을 적극적으로 합니다. 잠에서 가장 중요한 것이 아기 스스로 자고 싶다는 욕구입니다. 잠은 아기가 자고 싶을 때 자고, 아기가 깨고 싶을 때 깨는 것이 가장 좋습니다.

하품은 잠을 자고 일어나서도 하고, 노는 중간에도 합니다. 하품을 한 번 정도 했다고 반드시 졸리다는 신호로 연결하기에는 무리가 있습니다. 특히 부모가 아기의 수면 패턴을 파악하기 전까지는 한 번, 두 번, 세 번 하품하는 간격을 관찰해야 합니다.

2개월 정도의 아기라면 기상한 시간으로부터 다음 수면까지 약 1시간에서 1시간 30분 사이에 졸려합니다. 수유를 배부르게 하고 아기와 상호작용을 하다보면 하품을 하거나, 눈을 비비거나, 눈 맞춤을 거부하면서 시선을 다른 곳으로 돌립니다. 아기가 '나는 지금 피곤해요. 지금 자고 싶어요'라는 내면의 욕구를 자신의 몸을 통해 부모에게 적극적으로 전달합니다.

아기가 혼자 모빌을 보고 있고, 부모는 집안일을 하고 있다면 이 신호를 놓치고 칭얼거리거나 우는 모습만 보게 될 수도 있습니다. 그러므로 부모는 아기가 깨어 있을 때 눈을 맞추며 아기와 교감하는 시간을 가져야 합니다. 졸음이 오면 폐, 심장, 혈관에 공급되는 산소의 양이 줄어들면서 하품을 하게 됩니다. 즉 신체 기능이 떨어지면서 잠을 잘 준비를 하는 것입니다.

> **Q50 아빠와 아기의 애착 형성을 위해 아기를 늦게 재워도 괜찮을까요?**

아빠가 집에 오는 시간이 9시 이후라면 아기를 먼저 재우고 아빠와는 아침 시간을 함께 보낼 것을 권유합니다. 20~30분 정도 수면 의식 시간을 통해 교감하는 것이 더 좋습니다. 아기가 잠이 들 때까지 옆에 머물러줍니다. 피곤한 마음에 의무감으로 아기가 놀아주는 것은 아기에게 전혀 도움이 되지 않습니다. 아기가 편안한 부모를 경험할 수 있도록 옆에 누워서 몸을 만져주거나 눈을 보면서 이야기하는 것만으로도 충분합니다. 활동적인 놀이는 아침 시간이나 여유로운 주말에 해주면 됩니다. 아기에게는 잠이 우선입니다. 자는 동안 신체가 회복되고 뇌가 발달합니다.

5개월에서 5살 사이에는 부모가 가르쳐준 사회적인 신호가 아기들의 수면에 기본적인 요소가 됩니다. 애착은 시간을 같이 보낸다고 형성되는 것이 아닙니다. 규칙을 가르쳐주고 안 되는 것이 있다면 안 된다고 경계를 만들어주는 든든한 울타리 역할을 해주는 부모가 있을 때 아기는 안전한 세상을 경험합니다. 이런 경험이 쌓여 안정 애착이 형성되는 것입니다.

Q51 트림을 하지 않고 자는 아기, 괜찮을까요?

아기는 수유를 할 때 공기도 같이 흡입하기 때문에 트림을 시켜주는 것이 좋습니다. 이를 알고 있는 부모들은 수유 후 열심히 트림을 시켜보지만 어느 때는 15~20분을 안고 있어도 잠만 잘 뿐 트림은 하지 않는 경우도 있습니다. 트림을 하기도 전에 아기의 몸에 힘이 빠지면서 이완이 된다면 그때는 아기를 바닥에 내려놓고 반응을 살펴야 합니다. 아직 트림을 하지 않았으니 아주 천천히 조심스럽게 내려놓습니다. 내려놓는 속도가 너무 빠르면 내려놓자마자 토를 하는 아기들도 있습니다. 평소에 토를 자주 하지 않는 아기의 경우 내려놓고 그대로 잔다면, 그대로 재워도 됩니다. 트림시키는 과정에서 품에 안고 있다가 잠드는 것이 버릇이 되면 안아줘야 잠을 자는 아기가 될 수도 있으므로 자려고 할 때 내려놓는 게 좋습니다. 내려놓는 이유는 잠에서 깨우기 위함입니다. 내려놓았더니 아기가 잠에서 깬다면 다시 안아 올려 트림을 시켜주면 됩니다.

평소에 토를 자주 하면서도 트림을 하지 않았다면 최소 15~20분 정도 안고 있다가 아기를 바닥에 내려놓습니다. 모든 아기가 수유 후 매번 트림을 하는 것은 아니기 때문에 아기가 주는 신호를 잘 관찰해야 합니다. 트림을 하고 싶은 아기들은 침 삼키는 듯한 행동을 하면서 끙끙거리기도 합니다. 이때는 아기를 다시 안아 트림을 시켜줍니다.

4개월에서 6개월 정도부터는 트림을 하지 않아도 크게 걱정하지 않아도 되지만 그 이전 시기에는 아기가 트림을 하지 않고 잠을 잔다면 주의 깊게 잠자는 모습을 지켜보아야 합니다. 하지만 아기가 트림을 하지 않아도 토를 자주 하지 않는다면 괜찮습니다.

트림 후에도 자주 토한다면 소아청소년과 진료를 받아보는 것이 좋습니다.

Q52 계속 엎드려서 재워도 되나요?

전 세계 소아과 의사들은 아기의 등을 바닥에 대고 누워 자게 할 것을 권고하고 있습니다. 예전에는 아기들이 배를 깔고 엎드려서 자면 잠을 더 잘 자고, 두상이 납작해지지 않는다고 해서 엎드려 재우기도 했습니다. 그러나 영아 돌연사 증후군으로 많은 아기들이 안타까운 상황에 처하게 되면서 전 세계의 부모에게 밤이든 낮이든 아기는 눕혀서 재워야 한다고 교육하고 있습니다.

영아 돌연사 증후군은 한 살 이하의 건강한 아기가 아무런 이유도 없이 갑자기 사망했을 때 내리는 진단입니다. 생후 2~4개월 사이에 가장 많이 발생하며, 대부분 오후 10시에서 오전 10시 사이에 발생한다고 합니다. 또한 가을과 겨울철에 더 많이 발생하는 것으로 알려져 있습니다. 어떤 이유로 발생하는지는 설명할 수 없지만, 엎드려서 잠을 자지 않는 것만으로도 영아 돌연사 증후군의 확률이 반으로 감소된다고 알려져 있습니다.

뒤집기를 시작한 아기는 스스로 엎드려서 자려고도 합니다. 이때 부모가 아기를 다시 뒤집어 주었는데 아기가 다시 스스로 뒤집어 엎드린다면 그대로 두어도 됩니다.

부모는 아기가 자는 침대에 베개, 이불 또는 큰 인형 등의 장난감이 없도록 신경 써야 합니다. 또한 푹신한 침구 위보다는 평평하고 탄탄한 매트리스나 요 위에 눕혀주는 것이 좋습니다.

> **Q53 잠자는 시간이 달라져서 수유 시간이 매번 달라도 괜찮나요?**

잠자는 시간이 달라지면 수유 시간이 달라질 수 있습니다. 수면 시간은 아기의 생체 리듬에 따라 조절되므로 수유는 수면 형태에 따라 조절을 하면 됩니다. 아기들의 수유와 수면 형태는 먹고, 놀고, 자고가 가장 좋습니다. 그러나 초기에는 아기가 먹는 도중 졸려합니다. 특히 2~3개월 이전에는 먹는 중간에 자려고 하는 아기를 깨워가면서 배부른 수유를 하는 것이 어렵습니다.

수유하기 전에 잠을 충분히 자지 못한 경우, 얕은 잠 단계에서 울 때 배고픈 줄 알고 수유를 진행하는 경우, 잠투정을 배고픔으로 착각해 수유를 진행하는 경우에는 먹는 것에 집중하지 못하고 먹다 자려고 할 수 있습니다.

부족한 수면은 불규칙한 수유로 이어지고, 이는 다시 불규칙한 수면으로 이어지면서 짧게 자고, 짧게 먹는 아기를 만듭니다. 따라서 부모는 아기가 수유를 할 때 최선을 다해 배가 부를 때까지 먹여야 합니다. 배부르게 먹이면 아기가 자고 싶어 하는 행동이 보이기 때문입니다.

잠자는 시간은 아침 기상한 시간을 기준으로 개월 수에 따라 변화합니다. 예를 들어 2개월 아기가 아침 7시에 기상을 했다면 8시에서 8시 30분 사이에 졸려합니다. 약 1시간에서 1시간 30분 사이에 졸려하는 것입니다. 이때 깨어있는 1시간 정도의 시간에 열심히 수유를 하고 수유 후 눈을 맞추며 상호작용을 하다보면 졸려하는 모습을 볼 수 있습니다. 졸리다는 그 신호에 따라 아기를 침대로 데리고 가서 청각, 촉각, 후각, 시각을 이용해서 고요와 평화 그리고 안전하다는 메시지를 수면 의식으로 전달해 주면 아기는 스스로 자기의 리듬에 따라 잠을 자게 됩니다.

이 리듬은 매일 매일이 다릅니다. 비슷한 것 같지만 어제와 오늘이 다르고, 오전과 오후가 다를 수 있습니다. 잠자는 시간이 달라지면 수유 시간이 달라지는 것은 너무나 자연스러운 현상입니다.

> **Q54 손 빨고 자는 게 습관이 될까봐 공갈 젖꼭지를 물렸는데 끊어야 할까요?**

손은 스스로 빨 수 있지만, 공갈 젖꼭지를 사용하려면 부모의 도움을 반드시 받아야 합니다. 부모의 도움을 받는 과정에서 억압, 강요, 통제 공격성이 나올 수 있습니다. 아기가 물지 않겠다고 고개를 젓거나 입으로 거부할 때 자칫 잘못하면 아기 입안에 넣고 흔들거나 빠지지 않도록 힘을 주어서 빨기를 강요할 수도 있습니다. 부모는 절대로 억압, 강요, 통제, 공격성 없이 행동했더라도 아기는 부모의 의도와 다른 경험을 할 수도 있는 것이 공갈 젖꼭지입니다.

얕은 잠에서는 공갈 젖꼭지를 물지만, 깊은 잠에서는 공갈 젖꼭지가 입에서 빠지게 됩니다. 그러다 다시 얕은 잠 단계에서 공갈 젖꼭지가 없는 아기는 웁니다. 다시 입안에 공갈 젖꼭지가 들어와야 잠을 자기 때문에 부모는 어쩔 수 없이 자다 말고 아기 입에 공갈 젖꼭지를 물려 줄 수밖에 없습니다. 어떤 부모들은 이를 방지하기 위해 공갈 젖꼭지가 빠지지 않도록 테이프로 붙여 고무줄로 귀에 걸어놓기도 합니다.

여러 가지 이유로 공갈 젖꼭지를 사용했던 경우라면 뒤집기를 시작하는 시기가 공갈 젖꼭지의 사용을 멈출 수 있는 기회입니다.

그에 반해 손 빨기는 탐험의 시작입니다. 손은 아기가 유일하게 자유롭게 움직일 수 있는 신체 부위입니다. 아기는 손을 이용해서 스스로 놀기도 합니다. 손을 이용한 놀이는 하고 싶을 때 할 수 있고, 하고 싶지 않을 때 언제든지 멈출 수 있습니다. 즉 손은 부모와 상관없이 아기 스스로 조절할 수 있습니다.

　아기는 손으로 사물의 온도, 재질, 모양, 크기 등을 느끼며 세상을 탐험하고 탐색합니다. 또한 손을 빨면서 자기 스스로를 위로하기도 합니다. 아기는 자기가 원할 때 손 빨기를 하면서 자신을 안정시키고 달랩니다. 세상의 변화에 맞서는 방법을 터득하기도 하고 원하지 않는 자극을 차단할 줄도 알게 됩니다. 손 빨기는 소화와 호흡, 심장 박동이 안정되도록 해 스스로 잠들도록 도와줍니다. 불편한 느낌과 고통을 줄여주는 호르몬이 분비되도록 합니다.

　그런데 부모들이 염려하는 것은 손 빨기 중독 현상입니다. 손 빨기는 자연스러운 현상으로 받아들이고 자연스럽게 두면 아기는 스스로 멈출 수 있습니다. 아기 스스로 신체적, 심리적 신호를 찾아내기 전에 손 빨기 중독을 고치려고 애쓰면 역설적으로 아이들의 손빨기 중독을 심각하게 만드는 결과만 초래하게 됩니다. 손을 빤다고 화를 내거나, 손가락을 주시하는 부모들의 부정적 행동은 상황을 더 악화시킵니다.

Q55 모로 반사는 언제 끝나요?

모로 반사(Moro reflex)는 비자발적 원시 반사 중 하나입니다. 출생 후 약 8주 동안 강한 반응을 보이다가 3개월부터는 서서히 감소하고 4~6개월에는 사라집니다. 우리가 흔히 모로 반사를 '아기가 놀랐다'라고 표현하는 것처럼, 큰 소리가 나거나, 머리나 몸의 위치가 갑자기 변하게 될 때 아기가 팔과 다리를 벌리고 손가락을 밖으로 펼쳤다가 무엇을 껴안듯이 다시 몸 쪽으로 팔과 다리를 움츠리는 행동을 합니다.

이 과정에서 아기는 팔과 다리를 벌렸다가 앞으로 모으면서 강하게 울기도 합니다. 이때 부모는 아기가 울면 놀라서 아기 몸을 만져주거나, 양팔을 잡아주거나 또는 빠르게 안아줍니다. 이렇게 안아주었던 것이 향후 스스로 잠을 자지 못하는 이유가 될 수 있습니다. 잠을 자려고 하는 아기를 가만히 지켜보면, 잠을 자려고 할 때 모로 반사가 특히 더 심합니다. 잠을 자는 듯 싶었는데 모로 반사 후 다시 강하게 울면서 자주 깨는 아기를 지켜보는 것이 쉽지 않을 정도입니다.

그러다 보니 속싸개를 사용하기도 하고, 스와들업이나 머미쿨쿨 등의 도구들을 이용해서 아기 몸을 감싸주기도 합니다. 아기가 모로 반사 후 자주 깨서 부모가 아기 잠에 개입하게 된다면 뒤집기를 하기 전까지 감싸는 것도 괜찮지만, 그보다는 모로 반사는 자연스러운 현상으로 받아들이기 바랍니다. 몸을 감싸지 않고 자연스럽게 두면 모로 반사 후 울지 않고 스스로 자는 아기를 보게 될 것입니다. 아기에게 팔과 다리를 자유롭게 움직일 수 있는 공간을 주면 아기의 근육이 강화되고 자신의 신체를 더 잘 제어할 수 있게 됩니다.

만일 아기가 모로 반사를 몸의 한쪽으로만 한다면 어깨나 신경이 손상되었을 수 있습니다. 반사가 양쪽에서 나타나지 않는다면 뇌 또는 척수 손상이 의심 될 수 있으므로 반드시 의사의 진료를 받아야 합니다. 모로 반사가 걱정될 수 있지만 이는 정상적인 신생아 반응입니다.

Q56 원더윅스 어떻게 해결하나요?

원더윅스(Wonder Weeks)는 신체적, 정신적으로 급성장하는 시기 중 '정신적 성장'을 하는 시기를 가리키는 말로, 아기가 더 많이 울고 보채는 과정에서 부모를 가장 힘들게 하는 때를 말합니다. 원더윅스는 심리학과 신체 인류학 그리고 행동 생물학자인 네덜란드 출신의 프란스 프로에이(Frans X, Plooij)와 헤티 반 데 리트(Hetty van de Rijt)라는 학자에 의해 제창되었고, 이들이 연구한 내용에 의하면 출생 후 20개월 동안 총 10단계의 도약기가 있습니다. 해당 기간 아기들에게는 부모의 손길과 보살핌이 절대적으로 필요합니다.

아기는 개월 수에 따라 성장하므로 부모는 아기의 변화에 대해 미리 알고 긍정적인 시각으로 아기를 관찰해야 합니다.

부모들은 아기가 잠을 못자거나 많이 칭얼거리거나 또는 잘 먹지 않으면 원더윅스 기간이라고 여깁니다. 그러나 실제로 아기가 칭얼거리면서 잠을 못자거나 잘 먹지 않는 것이 원더윅스 때문이라고 말하기에는 너무나 복잡한 상황이 많고 그것을 구분하는 것조차도 어려움이 많습니다. 보채는 이유가 원더윅스라는 것을 알 수 있는 방법도 없습니다. 단지 짐작만 할 뿐입니다. 만일 진짜 원더윅스라고 하더라도 부모가 아기에게 건강한 경계를 만들어주는 것이 정신적 성장에 더 큰 도움이 됩니다.

무엇보다 중요한 것은 원더윅스가 와서 아기가 정신적으로 도약하는 시기라고 하더라도 부모는 일관성 있는 태도로 반응해야 합니다. 수유는 배가 고플 때 배가 부르게 해야 하고, 먹고 나서 아기 혼자 모빌을 보면서 놀게 하는 것이 아니라 부모와 눈 맞춤하면서 상호작용을 해야 하고, 그 후 잠이 온다고 짜증을 내거나 하품을 하면 자야 하는 장소에 가서 혼자 잘 수 있도록 기회를 주는 과정에는 전혀 변함이 없어야 합니다. 부모의 일관적인 태도는 아기의 올바른 습관 형성에 큰 도움이 됩니다. 또한 짜증을 내면서 잠을 못자더라도 원칙은 변하지 않는다는 것을 경험하는 시간이 될 것입니다.

단계	개월수	특징
1단계	생후 약 5주 (생후 1개월)	감각 기관이 급격히 발달함
2단계	생후 약 8주 (생후 2개월)	감각을 이용하여 패턴을 지각함
3단계	생후 약 12주 (생후 3개월)	소리와 동작의 변화를 인지함
4단계	생후 약 19주 (생후 4개월 반)	일상에서 벌어지는 사건들을 학습함
5단계	생후 약 26주 (생후 6개월)	사물과 사물의 관계를 흥미롭게 관찰함
6단계	생후 약 37주 (생후 8개월 반)	일상 사건들의 공통성을 이해함
7단계	생후 약 46주 (생후 11개월)	순서를 인지하고 계획적으로 행동함
8단계	생후 약 55주 (생후 13개월)	일상이라는 프로그램을 연구함
9단계	생후 15개월	원칙과 규율을 습득함
10단계	생후 17개월	'나'와 '너'를 인식함

생후 10단계 도약기 & 특징

> **Q57 아기가 중간에 깨지 않고 12시간 정도 잠을 자도 되나요?**

아기는 개월 수에 따라 밤에 먹지 않고 잠잘 수 있는 시간이 다릅니다. 2개월은 5시간, 3개월은 6시간, 4개월은 8시간, 5개월은 9시간, 6개월은 9~10시간을 먹지 않고 잘 수 있습니다. 그러나 아기에 따라 2개월 아기가 7시간을 안 먹고 자기도 하고, 3개월 아기가 8시간을 안 먹고 자기도 합니다. 때로는 4개월 아기가 때로는 12시간 안 먹고 자는 경우도 있습니다.

이렇게 오랜 시간 안 먹고 자는 경우 반드시 부모는 아기의 체중을 관찰해야 합니다. 체중 증가가 좋다면 깨우지 않고 계속 재워도 괜찮습니다. 체중이 가벼운 경우, 권장하는 시간보다 아기가 더 오래 잔다면 중간에 깨워서라도 수유를 해야 합니다.

6개월 된 아기가 밤에 9시간 정도 안 먹고 잘 수 있는 것처럼, 7개월 이후의 아기는 밤에 10~12시간 정도 안 먹고 잘 수 있는 능력이 있습니다. 안 먹고 잔다고 해서 안 깨고 자는 것은 아닙니다. 또한 밤중 수유를 해야 하는 개월 수라도 수유 후 바로 잠으로 이어지면서 잠은 12시간 잘 수도 있습니다. 먹기는 하지만 놀지 않고 수유 후 바로 잠을 잔다면 12시간 정도 잠을 자는 것은 괜찮습니다.

Q58 밤에 잘 때 아기가 많이 움직여도 괜찮나요?

아기가 깊은 잠과 얕은 잠을 교대로 자는 과정에서 깊은 잠을 잘 때는 기저귀를 갈아주어도 깨지 않고 잠을 자지만, 얕은 잠을 잘 때는 몸을 많이 움직이면서 잠을 자는 것이 정상입니다. 성인도 얕은 잠을 잘 때는 눈꺼풀이 움직이기도 하고 몸을 뒤척이기도 합니다. 아기는 성인보다 더 활발하게 몸을 움직이면서 잠을 잡니다.

아기는 성장하는 과정에서 신체와 뇌가 발달하면서 뒤집고 되짚기를 무한 반복하기도 하고, 고개를 침대에 박고 엉덩이는 하늘로 치켜 올린 자세로 잠을 자다 말고 울기도 합니다. 때로는 잠을 다 자고 일어난 아기처럼 침대에 앉아 있거나 혼자 인형을 가지고 놀기도 합니다.

이렇게 아기가 깨어나 울면서 부모를 찾더라도 즉각적으로 빠르게 반응하지 않는 것이 좋습니다. 아프지 않고 건강한 아기라면, 현재 자고 있는 잠자리가 안전하고 수유를 안 해도 된다면 부모가 반응하지 않아야 스스로 다시 잠을 자는 아기가 됩니다.

아기들은 발달과정에서 낮에 배웠던 몸의 기술들을 잠자다 말고 사용하기도 합니다. 이러한 행동을 하더라도 아기는 깬 것이 아니라 여전히 수면 상태일 수 있다는 것을 염두하고 있어야 합니다. 이때 부모는 아기 스스로 다시 잠들 수 있는 기회를 주어야 합니다.

Q59 이앓이 시기에도 수면 교육을 할 수 있을까요?

아기들은 통증이 있을 때 잠자는 것을 힘들어합니다. 아픈 아기는 부모가 무엇을 하더라도 재우기 어렵습니다. 부모들은 대체적으로 아기가 고통이 심해서 우는 것인지, 아니면 잠투정으로 우는 것인지 구분을 하는 것조차 어렵다고 느낍니다. 열이 있다면 분명하게 관찰이 되는 상황이므로 구분이 가능하지만, 눈으로 관찰이 안 될 때는 어려울 수 있습니다.

이가 나기 시작하면서 통증을 수반하는 것은 이가 육안으로 보이기 시작할 때입니다. 잇몸이 빨갛게 부은 것이 보일 정도면 통증이 있겠지만 이런 일은 드뭅니다. 또한 대체적으로 염증은 며칠 지나면 가라앉고, 이가 나더라도 통증이 없습니다.

잇몸이 부어오르면 아기의 체온이 정상보다 약간 높아질 수 있지만, 이가 난다고 고열이 생기는 것은 아니므로 '이앓이' 시기와 수면 교육은 따로 구분해서 보아도 됩니다. 만일 이가 나서 불편하게 보이거나 이앓이 시기에 열이 발생한다면 다른 원인으로 열이 나는 것일 수도 있습니다. 그러므로 부모는 아기 상황을 임의로 판단해서 수면 리듬에 영향을 주기보다는 소아과 의사에게 문의하는 것이 좋습니다.

Q60 월령별 낮잠 횟수가 궁금해요

아기에게 낮잠은 밤잠과 별개로 이루어지는 수면입니다. 밤잠을 아무리 잘 잤더라도 돌 전의 아기는 반드시 낮잠을 자야 합니다. 신생아 시기에는 낮잠을 자고 일어난 시간으로부터 1시간 이내에 졸려합니다. 수유를 마치고 트림까지하면 곧바로 잠을 자기 바쁘던 아기들이 3개월이 되면 1시간 30분 전후로, 6개월이 되면 2시간에서 2시간 30분 정도 먹고 놀 수 있을 정도로 깨어있는 시간이 길어집니다.

개월수	아침 기상 후 수면 간격	밤잠 전 깨어 있는 시간	낮잠 횟수
2개월	1시간~1시간 30분	1시간 30분~2시간	3~4회
4개월	1시간 30분~2시간	2시간 30분	3~4회
6개월	2시간~2시간 30분	3시간 30분	3회
9개월	2시간 30분~3시간	4시간	2~3회
10개월	3시간	5시간	2회
15개월	3~4시간	5~7시간	1~2회
24개월	4~5시간	6~8시간	0~1회

월령별 낮잠 횟수 & 수면 간격

보통은 2개월 즈음해서는 3~4번의 낮잠을 자고, 5~6개월에는 3회 정도, 7~8개월에는 2~3회를 자다가 10개월에는 2회 정도 잡니다. 그러다가 돌쯤에는 낮잠을 1~2번 정도 자게 되고 4~5세가 되면 대부분의 아이들은 더 이상 정기적으로 낮잠을 자지 않습니다. 이때 낮잠 횟수는 수면의 총 양에 따라 정해집니다. 낮잠을 짧게 자고 밤잠을 짧게 잔다면 낮잠의 횟수가 증가합니다.

위의 표는 절대적인 기준이 아닙니다. 그 즈음해서 졸려한다는 정도로만 참고하면 됩니다. 낮에 깨어있는 시간이 짧으면 낮잠 횟수가 많아지다가 낮에 깨어있는 시간이 길어지면 낮잠 횟수가 줄어듭니다.

그러므로 부모는 아기가 언제 낮잠이 줄어드는 시기인지, 아니면 아직은 낮잠을 줄이지 않아야 하는지를 아기의 행동을 보고 판단해야 합니다. 수면과 감정은 밀접하게 연관되어 있습니다. 아기가 짜증이 많거나 까다롭게 행동한다면 수면이 부족한 상황은 아닌지 관찰해야 합니다. 또는 저녁 시간에 지속적으로 하품을 하거나 눈을 비비면서 활동이 느려진다면 낮잠이 부족하다는 표현일 수도 있습니다.

낮잠의 횟수가 줄어도 밤잠을 자기 전까지 짜증도 없고 피로감을 보이지 않는다면 낮잠의 횟수를 줄여도 됩니다. 하지만 낮잠을 자야 하는데도 불구하고 짧게 자고 일어난다거나, 잠을 자지 않으려고 한다면 부모는 아기에게 수면 기회를 주어야 합니다.

아기는 자고 싶으면 하품을 하거나 눈을 비비거나 짜증을 냅니다. 그리고 몸이 이완됩니다. 또한 아기들이 20~40분의 짧은 낮잠을 자고 울거나 깨는 듯한 행동을 하는 것은 정상적인 수면 리듬입니다. 이때 즉각적으로 반응하지 않아야 합니다. 얕은 잠을 자면서 잠에서 깬 것처럼 행동할 수도 있으므로 기다리면서 아기 행동을 관찰합니다.

Q61 아기의 밤낮이 바뀌었어요

건강한 신생아는 먹기만 하면 잡니다. 배가 부르게 먹이는 것조차 힘들 정도로 아기는 먹다 잡니다. 분유 수유를 하는 아기들은 어느 정도 먹고 트림 후 잠을 자지만, 모유 수유를 하는 아기들은 몇 모금 빨지도 않았는데 잠을 자려고 해서 배부른 수유가 많이 어려울 정도입니다. 그렇게 먹고, 놀고 할 새도 없이 먹기만 하면 자는 시기에도 부모는 공간적 환경으로 아기에게 밤과 낮을 가르쳐주어야 합니다.

첫 번째로 낮 시간에 놀 때는 속싸개를 하지 않아야 배부른 수유를 할 수 있습니다. 아기를 감싸고 있는 모든 것들을 풀어서 몸과 손발이 자유롭게 움직일 수 있도록 해줍니다. 속싸개는 추위로부터 보호하는 정도로만 이불처럼 덮어주면 됩니다. 그 이유는 낮 시간에 충분한 수유를 하기 위해서입니다.

두 번째는 아직 수면 호르몬인 멜라토닌의 분비가 영향을 미치지 않는 시기라고 하더라도 저녁에는 어둡게 하고 낮에는 햇살이 들어오는 환한 곳에서 자도록 해야 합니다. 밤에 길게 자고 낮에 깨어있는 시간이 길어지기 시작하면 낮잠을 잘 때도 어둡게 하는 것이 좋으나, 아직 낮과 밤 구분 없이 잠만 자려고 하는 신생아 시기에는 낮에는 환한 곳에서, 밤에는 어두운 곳에서 잘 수 있도록 환경을 만들어주는 것이 좋습니다.

세 번째는 낮 시간에는 빠르게 반응하고, 밤 시간에는 느리게 반응합니다. 낮 시간에 규칙적으로 깨서 먹으면 더 좋지만, 밤과 낮이 바뀐 아기들은 낮에는 조금 먹고도 잠을 잘 자고 밤에는 많이 먹어도 잠을 안 자고 울 수 있습니다. 그러므로 낮에는 아기가 2~3시간 정도 후에 움직임이 있으면 기저귀를 갈아주면서 적극적으로 깨워 수유를 해야 합니다. 밤에는 아기가 깨더라도 느리게 반응하다 보면 밤에 조금 더 잠을 자고 낮에는 규칙적으로 깨서 먹는 아기가 되는 데 도움이 될 것입니다.

출생 후 낯선 환경에 노출된 아기를 위해 부모는 아기가 자신의 리듬을 찾아갈 수 있도록 기다려주며 아기의 욕구를 구분하는 시간이 필요합니다.

> **Q62 수면 교육에 성공한 줄 알았는데 다시 2시간마다 깨기 시작했어요**

백일 이전의 아기들은 부모가 크게 노력하지 않아도 잠을 잘 자는 경우가 많습니다. 쉽게 잠이 들기도 하고 크게 노력하지 않아도 밤에 길게 자기 때문에 수면의 어려움을 모르다가 백일을 기점으로 자주 깨기 시작합니다. 뒤집기, 앉고 서기 등의 신체 활동이 활발해지면서 자다 말고 깨는 경우도 있습니다.

이때 부모가 수면에 대해 잘 알고 있다면 이런 변화에도 의연한 대처가 가능합니다. 아기가 아프지 않고 평소에 자던 시간이라면, 수유를 하지 않아도 되는 시간이라면 부모는 아기의 행동을 보면서 아기가 어떻게 행동하는지 관찰해야 합니다. 아기의 행동을 보면 욕구가 무엇인지 구분이 됩니다. 잠을 자고 싶다는 욕구 구분이 되지 않으면 아기가 울 때마다 반응하게 됩니다. 부모는 울음소리도 듣지만 행동으로 아기 마음을 관찰할 줄 알아야 합니다.

아기의 몸이 이완되어 있거나, 눈을 감고 운다면 아기를 자극하지 말고 지켜봅니다. 앉고 서는 아기들은 자다 말고 자리에 앉아서 울기도 하는데 이런 행동이 발달과정에서 하는 행동이라면 관찰하면서 아기 스스로 다시 조율하고 잘 수 있도록 기회를 줍니다.

Q63 아기가 모유(분유)는 적게 먹고 잠은 많이 자요

신생아 시기에 적게 먹으면서 잠을 많이 잔다면 하루 총 먹는 양과 대변, 소변의 양을 확인하면서 체중도 같이 관찰합니다. 신생아 시기가 아닌데도 불구하고 적게 먹는다면 그 이유가 무엇인지 파악해야 합니다.

첫 번째는 신생아 시기에 적게 먹고 잠을 많이 자려고 하는 경우입니다. 황달이 있으면 조금 먹고 잠을 많이 잘 수 있지만 특별한 이유가 없는데도 아기가 분유를 적게 먹고 잠을 잔다면 반드시 소아청소년과를 방문하여 진료를 받아야 합니다. 신생아 시기가 아닌데 아기가 적게 먹고 잠을 자려고 하는 경우에도 의사의 진료가 필요합니다.

두 번째는 객관적으로 적게 먹는지 관찰해야 합니다. 1회 먹는 양은 일정하지 않을 수 있습니다. 적게 먹기도 하고 많이 먹을 수도 있으므로 24시간 총 먹는 양이 적당하다면 1회 적게 먹었을 때 다음 수유 시 잘 먹으면 보완이 됩니다.

세 번째는 아기 체중입니다. 적게 먹지만 아기 체중이 출생 체중 대비 적절하게 증가하고 있다면 잘 먹고 있다고 판단해도 됩니다.

네 번째는 수유 시 아기에게 강요하거나 억압하듯이 수유를 진행하고 있는지 점검해야 합니다. 아기들은 상황이 마음에 들지 않거나 자극이 너무 강하면 잠을 자기도 합니다. 그러므로 수유를 하려고 하면 잠을 자고, 수유를 멈추면 잠에서 깨는 경우라면 수유 시 아기를 존중하면서 진행이 되고 있는지 점검합니다.

> **Q64 평소보다 밤잠을 일찍 잤는데 깨지 않으면 아침까지 재워도 되나요?**

평소 밤잠을 자던 시간보다 일찍 자서 깨지 않는 경우 그대로 재울 수도 있고, 깨워야 할 수도 있습니다. 오후 7시쯤 자던 아기가 오후 5시부터 잠을 잔다면 1시간 후인 6시경에 깨워서 수유를 하고 평소처럼 시간을 보내다가 자게 하는 것이 좋습니다. 평소 오후 9시경에 자던 아기가 오후 7시에 수유를 하고 잔다면 그대로 재워도 됩니다.

먹어야 하는 시간을 지나서도 계속 잠을 잔다면, 평소에 잘 먹고 있고 체중 증가도 좋은 경우라면 아기를 믿고 아기가 언제 깨서 먹으려고 하는지 지켜보아도 됩니다. 만일 또래에 비해 체중 증가가 느려서 반드시 먹어야 하는 아기라면 먹어야 하는 시간이 되었을 때 아기를 가볍게 깨워서 수유를 합니다. 밤이라면 수유를 한 후에도 아기에게 눈 맞춤이나 피드백은 주지 않아도 되고 수유와 트림만 한 후 조금 칭얼거리더라도 다시 잘 기회를 줍니다.

저녁에 일찍 잠을 잔 경우 부모는 세심하게 아기 행동을 살펴보면서 하루 일과를 재조정해야 할지 고민하면 좋습니다. 평소보다 2시간이나 일찍 잠이 들었으므로 새벽에는 몇 시에 깨서 먹으려고 하는지 그 다음날 아침은 몇 시에 일어나는지 등을 관찰합니다.

> **Q65 밤에 일찍 잠드는 아기는 어떻게 늦게 재울 수 있나요?**

밤잠을 일찍 자는 것이 아기에게 유리합니다. 아기가 일찍 자고 일찍 일어나 부모가 잠이 부족해 힘들다면 아기를 늦게 재우기보다는 부모의 시간을 조정해서 아기에게 맞추는 것이 좋습니다. 부모가 늦게 퇴근하기 때문에 아기와 보내는 시간이 부족하다면 아기의 리듬대로 저녁에 일찍 자도록 하고 부모는 아침 시간을 이용해서 저녁에 함께 하지 못했던 수유나 눈 맞춤을 하면서 교감하는 시간을 가집니다.

잠을 일찍 자는 아기는 아침에 상쾌하게 일어납니다. 아침을 기분 좋게 시작한 아기가 낮잠도 더 잘 잡니다. 반대로 밤에 늦게 자는 아기는 잠이 부족합니다. 낮잠을 잘 때도 힘들어하면서 하루 종일 부모가 아기의 짜증을 받아주어야 하는 경우가 많습니다. 그렇다고 밤에 잘 자는 것도 아닙니다. 저녁에 잠이 들 때도 강한 울음으로 저항하면서 잠자는 것을 힘들어합니다.

저녁에 일찍 잠을 자는 아기는 향후 어린이집이나 유치원을 다니더라도 아침 시간이 여유롭습니다. 옷을 입거나 식사하는 시간도 여유 있게 가질 수 있습니다. 잠을 늦게 잤던 아이들은 잠이 부족해서 옷 입을 때도 짜증을 부리거나 밥도 제대로 먹지 않기 때문에 아침부터 부모와 실랑이를 벌입니다. 그렇게 되면 아이는 아이대로 감정이 상하게 되고, 부모는 부모대로 아침부터 소리지르게 됩니다. 이러한 행동들이 후회와 미안함으로 남게 되면서 양육이 힘들어집니다.

그러므로 밤잠을 너무 일찍 자는 아기인 경우 밤잠 시간을 늦추기보다 아침 시간을 활용할 수 있는 방법에 대해 고민하시기 바랍니다. 생체 시계를 안정적으로 맞추는 습관 교육은 출생 이후부터 시작하면 됩니다. 하루에 몇 시간을 자느냐도 중요하지만 '언제 어떻게 자느냐'도 중요합니다. 부모가 잘 안내해 주고 기회를 준다면 아기 때부터 일찍 자고 일찍 일어나는 습관이 형성됩니다. 어릴 적 경험이 평생의 습관에 영향을 주므로 신생아 시기부터 잠의 중요성을 인식하고 바람직한 수면 환경을 만들어주어야 합니다. 어린 시절부터 잘 잡힌 수면 패턴이 평생 좋은 습관으로 이어지기 때문입니다.

Q66 같은 시간에 먹고 자야 하나요?

사람에게는 두 개의 시계가 있습니다. 하나는 사회가 정한 시계입니다. 미국이든, 영국이든, 우리나라든 해가 뜨는 시간을 기준으로 정한 시간입니다. 우리나라가 아침 7시라면 뉴욕은 저녁 7시입니다. 이 시간은 한국에 사는 사람 모두에게 적용되는 시간입니다. 학생을 기준으로 한다면 아침 9시를 등교 시간으로 정한 것이 사회가 정한 시간입니다.

다른 하나는 사람들의 몸에 있는 생체 시계입니다. 이 시계는 개개인마다 조금씩 다릅니다. 성인을 기준으로 본다면 사회가 정한 시계에 맞춰 생활하면서 식사 시간도 비슷해지고 잠도 비슷하게 자며 생체 시계 또한 비슷하게 맞춰집니다. 하지만 아기의 경우는 다릅니다. 아직 사회가 정한 시간에 맞춰서 생활하지 않기에 자기 나름의 생체 리듬 안에서 먹고 자며 생체 시계를 만들어갑니다. 모든 아기들의 생체 시계는 다릅니다. 7시에 먹고 싶은 아기도 있고 8시에 먹고 싶은 아기도 있습니다. 하지만 신기하게도 깨어있는 시간은 모두 비슷합니다. 50일 아기가 아침 7시에 일어날 수도 있고 아침 8시에 일어날 수도 있지만, 수면 텀은 1시간에서 1시간 30분 사이입니다. 그 이유는 50일 아기는 1시간에서 1시간 30분 자도록 설정되어 있기 때문입니다.

출산 직후부터 아기와 같이 지내다보면 아기의 생체 시계를 파악하는 데 도움이 됩니다. 이를 바탕으로 아기 몸에 있는 생체 시계가 안정적으로 설정되도록 해야 하고, 그 이후에 사회가 정한 시간에 맞추어 생체 시계를 조율하면 좋습니다. 부모는 먹고, 놀고, 자는 일상을 통해 아기의 생체 시계가 규칙성을 가질 수 있는 환경을 만들어줘야 합니다. 출생 후 2~3주까지는 불규칙하게 먹고, 자는 듯합니다. 먹고 트림하다가 쉽게 잠을 자지만, 수유를 할 때마다 배가 부르게 먹이려고 노력하고, 잠을 잘 때도 안아서 재우기보다 등을 바닥에 대고 잘 수 있도록 기회를 주면 아기의 규칙성을 만들게 될 것입니다.

생체 시계를 만드는 근본적인 에너지는 자율성입니다. 먹어야 할 때 제대로 먹고, 자야 할 때 자야 합니다. 이때 부모는 환경을 만들어주고 가르쳐주지만, 그 상황에서 아기의 자율적인 에너지를 존중해 주어야 합니다. 배가 고프다는 것을 느끼는 것은 아기입니다. 아기마다 독특한 자기만의 개성과 기질이 있습니다. 아기의 개성과 기질을 존중해 주면서 배고픔을 느낀 아기에게 수유를 할 때는 배가 부르게 먹도록, 잠을 잘 때는 스스로 등을 대고 자도록 가르쳐주어야 합니다.

50일 아기는 1회 수유시 최소 80~150ml까지 먹을 수 있습니다. 80ml를 먹으면서 자주 먹을지, 수유 간격을 더 길게 하고 150ml를 먹을지는 아기가 결정하게 합니다. 이 결정도 배부름이 기준입니다. 80ml를 먹고 배가 부르다고 하면 존중해 주어야 하지만, 덜 먹었는데 자려고 한다면 더 먹게 해야 합니다. 또한 50일 아기가 일어난 지 1시간에서 1시간 30분 사이에 졸려하면 안고 재우는 것이 아니라 스스로 자도록 기회를 주어야 합니다. '수면 습관의 무의식화'가 되기 위해서는 규칙성이 있어야 하는데 규칙성은 부모가 가르쳐줄 때 경험하게 됩니다.

부모와 비슷한 시간에 자고 일어나는 것은 사회가 정한 시간에 따라 생활하도록 하는 것입니다. 규칙적으로 자고 먹는다면 좋은 습관이 형성되었다는 것을 의미하는 것이므로, 부모는 아기가 매일 같은 시간에 먹고 잘 수 있도록 도와주어야 합니다.

Q67 통잠을 잘 때는 기저귀를 안 갈아줘도 되나요?

아기가 밤에 수유를 하지 않고 길게 잘 때는 기저귀를 갈아주지 않아도 됩니다. 천 기저귀를 사용할 경우, 밤중에 소변을 봤다면 축축할 수 있으므로 기저귀가 젖었다는 것이 확인되면 갈아주는 것을 권유하지만, 종이 기저귀를 사용하는 경우라면 굳이 자는 아기를 건드리면서까지 기저귀를 갈아줄 필요는 없습니다.

하지만 기저귀 발진이 있거나 피부에 문제가 있어 갈아주어야 할 때는 아기가 깊은 잠이 들어서 눈동자가 움직이지 않을 때 갈아주면 됩니다. 기저귀 발진 크림을 미리 발라주는 것도 좋은 방법입니다.

Q68 먹고, 놀고, 자고의 비율이 있나요?

먹고, 놀고, 자는 비율은 개월 수마다 다릅니다. 그 이유는 아기 나름의 생체 시계 때문입니다. 2개월 아기는 일어난 시간으로부터 1시간에서 1시간 30분 사이에 졸려하고, 4개월 아기는 1시간 30분에서 2시간 사이에 졸려합니다. 6개월 아기의 먹고 노는 시간이 2시간에서 2시간 30분 전후라면, 10개월 아기는 먹고 노는 시간이 약 3시간입니다. 개월 수가 늘어날수록 낮에 먹고 놀 수 있는 시간이 길어집니다.

아기를 관찰해 보면 아기는 자신의 생체 시계 안에서 규칙적으로 자고 싶어 합니다. 잠은 생체 리듬에 따라 규칙적으로 자고 일어나지만, 수유는 먹었던 양에 따라 그 다음 수유 시간이 정해집니다.

예를 들면 3개월 아기가 200㎖를 먹었다면 최소 4시간이나 5시간 후에 수유를 하는 것이 좋습니다. 3개월 아기의 먹고 노는 시간이 1시간 30분 정도이므로 오전 10시에 일어나 10시 30분경 200㎖를 먹었다면 아기의 다음 수유 예정 시간은 오후 3시에서 3시 30분 사이입니다. 또한 10시에 일어났으니 11시 30분 전후로 낮잠을 자게 될 것입니다. 11시 30분부터 12시 30분까지 1시간 낮잠을 자고 일어난다면 아기는 1시간 30분 정도 후에 낮잠을 자고 싶어 할 테니 예상 수면 시간은 오후 2시경이라고 할 수 있습니다. 수유는 3시에서 3시 30분 사이에 하게 될 것이고 아기는 오후 2시경 잠을 자고 싶어 하므로 한 번의 낮잠을 다시 자고 일어난 후에 수유를 하게 될 것입니다. 1시간을 자고 일어나면 오후 3시경 수유를 하면 될 것이고, 아기가 2시간을 자고 일어나면 오후 4시경 수유를 하게 될 것입니다.

즉 먹고, 놀고, 자고, 놀고, 자고를 하면서 두 번 자는 동안 수유는 한 번만 할 수도 있습니다. 수유와 수면은 따로 가기 때문에 분유 수유를 하는 아기들은 먹는 양을 기준으로 그 다음 수유시간이 정해지고, 수면은 기상한 시간을 기준으로 다음 예상 수면 시간이 정해집니다.

모유 수유를 하는 아기들은 먹는 양을 모르기 때문에 먹고, 놀고, 자고 난 후에 다시 수유를 하면 됩니다. 이때 그전에 잘 먹었다면 그 다음 수유에서 덜 먹으면서 아기는 스스로 조율을 하게 됩니다. 만일 먹고 놀고 난 후 자야 할 때 아기가 잠투정으로 우는 것을 배고픔이라고 생각하고 수유를 한다면 먹고, 놀고, 먹다 자는 아기가 될 수도 있습니다.

그러므로 부모는 아기가 먹고, 놀고, 잘 수 있도록 먹일 때는 충분히 배부른 수유를 해야 합니다. 그후 의식이 있는 상태에서 얼마나 잘 먹었는지 피드백을 주는 '놀고' 시간을 가진 후 졸려하는 생체 리듬에 따라 스스로 잘 수 있도록 기회를 줍니다.

Q69 마지막 수유 전에 밤잠을 자는 아기를 깨워야 하나요?

아기가 먹어야 하는 시간인데 계속 잠을 잔다면, 자는 중에 깨워서 먹여야 할지 이대로 곤히 자게 두어야 할지 고민이 됩니다.

예를 들어 밤 11시쯤 먹던 아기가 저녁 7시에 수유를 하고 계속 잠을 자는 상황이라면 굳이 깨우지 말고, 아기 스스로 잠에서 깨 언제 먹고 싶어 할지 기다려주는 것이 좋습니다. 이렇게 한 텀을 건너 뛰더라도 그 외 시간에 충분히 먹어 체중이 잘 증가하고 있다면, 아기가 잠을 잘 때 굳이 깨우지 않아도 됩니다.

그러나 오후 5시에 먹고 저녁 10시가 넘도록 잠을 자는 아기라면 이때는 더 늦어지기 전에 깨워서 수유하는 것이 맞습니다. 자는 아기를 깨워 수유를 진행할 때는 아기의 눈꺼풀을 보면서 눈꺼풀이 움직일 때 기저귀를 갈아준 후 수유를 진행하면 됩니다.

수유를 진행할 때는 아기 스스로 입을 벌려 먹을 수 있도록 아기 입술에 유두나 우유병 꼭지를 대고 가만히 기다리는 것이 좋습니다.

> **Q70 아기의 하루 패턴을 만들 때 가장 먼저 해야 할 일은 무엇인가요?**

아기가 언제 먹고, 언제 잠을 자게 될지 예측이 가능해지기 시작하면 양육이 수월해집니다. 그러나 아기의 생활 패턴을 예측하기까지는 시간이 걸립니다. 출생 초기에는 먹기만 하면 잠을 잡니다. 적당한 양을 먹이기도 전에 잠이 들어 자는 아기를 깨워 먹이는 것이 가장 어려울 정도입니다. 그러다 보니 아기가 조금이라도 울면 수유를 진행하기도 합니다. 울 때마다 수유를 진행하면 아기는 먹다가 다시 잠이 들고, 엄마는 아기에게 충분히 먹이지 못한 느낌을 받게 되어 더 자주 수유를 하게 되는 혼동스러운 상황이 이어질 수 있습니다.

육아 초기에 가장 중요한 수유가 안정되기 위해서는 아기의 배가 고플 때 충분히 배부르게 수유해야 합니다. 처음에는 아기가 배가 고프다는 신호조차도 인식하기 쉽지 않습니다. 대개는 아기가 입을 벌리거나 깨서 울 때 수유를 진행하면 된다고 생각하지만, 초보 부모의 입장에서는 아기의 작은 신음 소리에도 배가 고플 것이라는 판단으로 수유를 수시로 진행하게 됩니다. 이보다는 조금 먹고 잠들려고 하는 아기를 깨워 제대로 먹이고 배가 부르다는 표현을 할 수 있도록 가르쳐주는 것이 더욱 중요합니다.

충분히 배부르게 먹은 아기들은 깊게 잠을 잘 잡니다. 아기의 하루일과를 관찰해보면 일정한 리듬대로 먹고 자는 것을 알 수 있습니다. 그러면서 생후 2~4주쯤 되면 먹고 조금이라도 눈을 뜨고 노는 시간이 생기기 시작합니다.

　아기가 눈을 뜨고 놀기 시작하면 혼자 놀게 하기보다는 부모의 얼굴이 모빌이 될 수 있도록 아기와 눈 맞춤의 시간이 있어야 합니다. 눈 맞춤의 시간을 가지다 보면 아기가 하품을 언제 하는지, 언제 졸려하는지, 어떤 행동이 졸려하는 행동인지 파악이 됩니다. 부모가 아기의 행동을 파악하게 되면 그에 맞는 대응을 할 수 있게 되면서 양육이 자신감으로 이어집니다.

　즉 아기가 먹어야 할 때는 제대로 배부른 수유를 할 수 있게 되고, 아기가 놀 때는 아기에게 집중하면서 교감하는 시간을 즐기게 됩니다. 그 후에는 아기의 '졸리다'는 신호에 맞춰 자야 하는 장소에 가서 스스로 잠들 수 있도록 건강한 수면 습관의 기회를 줄 수 있습니다.

　만약 부모가 다른 누군가가 준 정보에만 의지해 양육을 하게 되면 아기가 성장할 때마다 부모는 혼란 속에서 또 다른 정보를 줄 누군가를 찾게 됩니다. 부모는 자신의 판단을 스스로 신뢰할 수 있을 때 육아에 자신감이 생기게 되는데, 스스로 아기를 관찰하면서 알아낸 패턴을 기준으로 삼아 내 아이를 양육한다면 부모 또한 그 시간을 통해서 아기와 함께 성장하게 될 것입니다.

> **Q71** 조리원에서 퇴소한 지 얼마 안 되었어요.
> 아기가 잠든 지 3시간이 넘으면 깨워야 할까요?

조리원에서 퇴실한 지 얼마 되지 않았다면 생후 한 달 이내의 아기라고 짐작이 됩니다. 생후 한 달 이내의 아기는 3시간 이내로 수유를 하는 것이 좋으므로 아기가 잠든 지 3시간이 지났다면 깨워서 수유를 하는 것을 권합니다. 24시간 중에서 밤에 한 번은 4시간 정도까지 자도 되지만 그 외 시간은 3시간을 넘기지 말고 수유를 진행하는 것이 좋습니다. 만일 낮과 밤의 구분이 되지 않아 낮잠을 3시간 이상 자는 경우라면, 깨어있는 시간에는 햇볕을 쬘 수 있는 환경을 만들어주어야 합니다.

Q72 조리원 퇴소 후 아기의 생활 패턴이 걱정돼요

아기를 낳고 처음 양육을 시작하게 되면 무엇을 어떻게 해야 할지 몰라 당황스러운 것은 당연합니다. 이때 누군가의 도움은 초보 부모들의 불안감을 해소하고 체력을 회복하는 데 힘이 됩니다. 조리원은 그런 의미에서 초보 부모들에게 많은 도움을 줍니다. 출산 후 피곤한 몸과 마음을 회복하고 천천히 양육을 시작할 수 있도록 정신적 안정을 찾는 데도 도움이 됩니다. 산모가 출산 후 안정을 되찾았다면 조리원에서부터 자연스럽게 양육에 참여할 수 있도록 모자동실을 하면 좋습니다. 조리원에서부터 아기와 시간을 많이 보냈던 엄마는 그만큼 아기의 행동들을 일찍 파악했기 때문에 집에 돌아와 자연스러운 현실 양육으로 이어지면서 육아에 자신감을 얻습니다.

병원이나 조리원에서부터 아기의 패턴을 파악하기 위해 모자동실을 이용하면서 아기의 욕구가 무엇인지 구분하는 생활이 가장 이상적이지만 현실적으로 어려움이 있다면, 적어도 아기가 언제 먹는지, 얼마나 먹고, 언제 자는지 정도는 파악하는 것이 좋습니다.

반대로 조리원에서 아기와 지내는 시간이 적었거나 수유 콜이 올 때만 가서 수유를 진행했던 경우, 집에 돌아온 이후 아기와의 생활에 적응하는 데 어려움을 겪는 분들이 많습니다. 육아에 어려움이 있다면 가장 먼저 확인해야 하는 것이 아기의 생활 패턴입니다.

첫 번째는 조리원에서 퇴소하시기 전에 아기의 48시간 수유와 수면 리듬을 기록해서 언제 먹는지, 언제 자는지 등의 패턴을 미리 알고 있으면 좋습니다. 아기는 자기 나름대로의 패턴이 있기 때문에 조리원에서의 패턴을 유지시켜 주는 것만으로도 집에 온 후 빠르게 안정이 되는데 도움이 됩니다. 주 양육자가 바뀌게 되면 수유와 반응하는 방법 등에서 아기가 혼란을 겪을 수 있기 때문에 혼란을 최소화하기 위해 조리원에서의 패턴을 유지해 주는 것을 권유하는 것입니다.

두 번째는 수유입니다. 생후 1개월 이전의 아기들은 잘 먹는 것만으로도 안정이 되는 시기이므로 조리원에서 먹었던 방법대로 수유 진행을 해야 합니다. 분유와 혼합을 했던 경우라면 24시간 동안 어느 정도 먹었는지 흐름을 미리 파악한 후 집에 온 이후에도 조리원에서 먹었던 것과 같은 양의 분유를 주면서 일주일 정도 관찰하면 좋습니다. 이렇게 일주일 동안 아기와 함께 생활하고 엄마가 양육하면서 아기 체중을 관찰하도록 합니다.

세 번째는 아기의 욕구가 무엇인지 관찰하는 것을 시작해야 합니다. 수유의 욕구인지, 놀아달라는 욕구인지, 수면의 욕구인지 아기의 행동과 조리원에서의 생활 패턴을 보면서 부모가 다시 아기의 욕구를 구분할 수 있도록 집중하는 시간이 필요합니다. 양육은 현실입니다. 현실적인 양육을 할 때 예기치 않은 상황들이 발생할 수 있지만 꾸준한 경험을 통해 아이와 부모는 점점 자신감을 갖게 되고 함께 성장할 수 있습니다.

네 번째는 올바른 수면 습관을 들이기 위해 저녁 7시부터는 집안의 조명을 어둡게 만들어 수면 분위기를 조성해 주어야 하고, 아침 7시에는 커튼을 열어 햇볕이 집에 들어오게 해 일어날 시간이라는 것을 인식할 수 있도록 해주어야 합니다. 병원이나 조리원의 신생아실은 밤에도 조명을 켜고 생활할 수밖에 없는 구조입니다. 그러므로 부모는 아기가 집에 온 직후부터는 밤과 아침에 적응할 수 있도록 빛 조절에 신경을 써야 합니다. 만일 집안이 낮에도 어두운 환경이라면 아기들은 대체적으로 누워 있으므로 천정등보다는 스탠드를 이용한 간접 조명이 도움이 됩니다.

Q73 목욕 후 수유, 수유 후 목욕 중 무엇이 나을까요?

목욕을 하고 나서 수유를 할지, 수유를 하고 나서 목욕을 하는 것이 좋을지 고민하는 분들이 많습니다. 이는 아기의 하루 일과를 보면서 결정하면 좋습니다. 일반적으로는 밤잠 자기 전에 목욕하는 것을 권장합니다. 그 이유는 다음과 같습니다.

첫 번째로, 목욕은 신체 움직임이 많으므로 수유를 하고 나서 목욕을 하기보다는, 목욕을 한 뒤에 수유를 하는 편이 더 좋습니다. 신생아는 소아나 성인보다 식도에서 위로 넘어가는 경계부가 쉽게 열리고, 위장도 아직 미숙한 상태입니다. 먼저 수유를 한 뒤에 신체 움직임이 많은 목욕 등의 활동을 할 경우 먹은 것을 게워낼 수도 있습니다.

두 번째로, 아침 기상 후 수면 텀보다 밤잠 자기 전 깨어있는 시간이 조금 더 길기 때문입니다. 예를 들어 4개월 아기는 아침 기상 후 수면 텀이 1시간 30분에서 2시간 사이입니다. 그러다 밤잠 자기 전에는 약 2시간 30분 정도 깨어 있다가 밤잠으로 들어갑니다. 낮잠 텀보다 저녁 마지막 시간에 깨어있는 시간이 길어야 밤잠을 잘 자는 데 도움이 되기 때문에, 이 시간에 목욕 → 마사지 → 수유 → 수면 의식 후 밤잠으로 자연스럽게 이어지면 좋습니다.

세 번째로 저녁 시간에 하는 목욕은 심부 온도를 낮추는 데도 도움이 됩니다. 몸은 물로 씻으면 심부 온도가 낮아져 목욕 후에 잠들기가 쉽습니다.

마지막으로 목욕 후 수유를 진행하면 신체 각성 체계가 안정되는 데도 좋습니다. 목욕을 하는 시간은 부모가 아기의 몸 전체를 구석구석 부드럽게 만져주는 시간입니다. 이런 접촉은 아기의 뇌가 잠을 잘 준비를 하는 데 도움을 줍니다.

> **Q74 잠들거나 깰 때 베이비 마사지를 해주고 싶은데 어떻게 하나요?**

잠들거나 깰 때 부모가 아기를 부드럽게 만져주면서 베이비 마사지를 해 주는 것은 촉각으로 아기와 부모가 교감하는 귀중한 시간입니다. 부모의 사랑하는 마음을 손끝에 담아 아기를 만져주는 행위는 아기 피부에 있는 세포가 기억하고 그 경험을 뇌가 기억합니다. 마사지를 할 때는 잘 때와 깰 때를 구분해 다르게 터치를 해주면 좋습니다.

첫 번째로 잠이 들 때는 잠을 자야 한다는 메시지를 전달하는 시간이어야 합니다. 몸이 이완되는 것이 우선이기 때문에 이완될 수 있는 모든 방법을 동원해서 천천히 부드럽고, 차분하게, 조심스럽게 마사지를 해야 합니다. 이때 부모는 아기에게 '존재로서 사랑한다', '태어나줘서 고맙다'라는 따뜻한 감정을 전달합니다. 의식이 있을 때는 이렇게 만져주다가 아기가 잠이 들려고 하면 손을 가만히 얹고 부모의 안정된 마음이 피부를 통해 아기에게 전달이 되도록 멈춤의 시간을 가집니다.

두 번째는 잠에서 깰 때의 마사지입니다. 이때는 잠에서 깨는 것이므로 경쾌한 감정으로 신나고 즐거운 메시지를 담아 몸을 마사지합니다. 손과 발을 만질 때는 조물조물 경쾌한 느낌으로, 다리를 만져 줄때도 강약을 조절하면서 마사지하면 됩니다. 아기는 몸으로 자신의 마음을 표현합니다. 마사지가 싫으면 몸에 힘을 주거나 다리에 힘을 주기도 합니다. 아기가 힘을 줄 때는 잠시 멈추었다가 다시 가만히 만져 봅니다. 부모가 아기를 만졌을 때 부드럽게 힘이 빠지는 듯하면 다시 부모의 선함과 사랑을 경험할 수 있도록 아기를 마사지해 줍니다.

이렇게 잘 때는 부드럽게, 잠에서 깰 때는 경쾌하게 아기를 마사지하면 아기는 잠을 자야 할 때와 잠에서 깰 때의 상황을 자연스럽게 경험으로 인지하게 됩니다.

> **Q75** 먹고, 놀고, 자는 게 아니라
> 놀고, 먹고, 자는 것으로 굳어져도 괜찮나요?

먹고, 놀고, 자야 하는 이유는 먹는 것과 자는 것을 구별하기 위해서입니다. 놀고, 먹고, 자는 경우 배부른 수유가 이루어지지 않을 수도 있고, 아기가 자고 싶을 때 배가 고프지 않아도 먹고 싶어 할 수도 있습니다. 어릴 때의 이런 경험들은 향후 자기인식을 하는 데 어려움을 줄 수 있기 때문에 권장하지 않습니다. 이유를 조금 더 살펴보도록 하겠습니다.

첫 번째는 배부른 수유를 하기 위해서입니다. 배부른 수유는 제대로 된 식사라는 의미도 있고 포만감과 만족이라는 경험을 뇌에 전달합니다. 또한 배부른 수유를 하기 위해서는 중간에 졸리더라도 참고 다시 먹는 과정을 통해서 아기는 지구력과 인내력을 경험하게 됩니다.

아기들은 젖을 먹다 쉽게 잠을 잡니다. 이것은 정상적인 행동입니다. 이때 부모가 먹을 때는 배부르게 먹어야 한다고 수유에 집중하도록 가르쳐주면 아기는 주의력을 가지고 상당 시간 유지하는 능력을 키우게 됩니다. 이런 내적 경험은 향후 어른이 되었을 때 집중력에도 영향을 줍니다.

이후 부모와 눈 맞춤의 상호작용은 부모의 따뜻한 눈빛과 부드러움을 실제적으로 경험하게 되는 시간이 됩니다. 또한 눈 맞춤을 하다보면 자고 싶다는 욕구를 쉽게 파악할 수 있기 때문에 반드시 먹고, 놀고, 자는 것을 순서로 해야 합니다.

두 번째는 먹을 때는 먹고, 자고 싶을 때는 자야 한다는 욕구 구분을 경험하는 것이 중요하기 때문입니다. 배가 고프지 않은데도 불구하고 졸릴 때 먹거나, 울 때 먹으면 자고 싶다는 신체적 요구와 감정적 요구를 혼동하게 됩니다. 어릴 때 욕구 구분을 부모로부터 배워야 하는데, 이 경험을 하지 못한 경우 성인이 된 후에 자신의 심리 상태를 올바르게 해석하고 각각의 상황에 알맞게 반응하는 능력이 부족하게 됩니다.

세 번째는 부모들도 아기의 욕구를 구분할 줄 알아야 하기 때문입니다. 아기는 자신의 욕구가 있어도 부모가 그에 맞게 반응해 주지 않으면 무시를 받았거나 존중받지 못했다고 느낍니다. 양육이 어려운 이유는 혼란스럽기 때문입니다. 언제 먹어야 하는지, 언제 자야 하는지를 부모가 주관적으로 판단하기란 어렵고 힘이 듭니다. 아기가 배가 고플 때 배부르게 먹이고, 자고 싶어 할 때 스스로 잘 수 있도록 기회를 줘야 양육이 쉬워지고 육아가 재미있어집니다.

Q76 수면 의식 순서를 알려주세요

아기가 잠을 자기 전에 부모는 충분한 수유가 이루어졌는지, 아기와 교감하는 놀이를 마쳤는지 확인해야 합니다. 이 두 가지가 먼저 선행된 후에 수면 의식을 해야 부모는 아기에게 잠을 자는 기회를 주는 데 자신감이 생기고, 아기도 스스로 자는 데 도움이 됩니다.

1. 자고 싶어 하는 신호를 알아챕니다

충분한 수유를 한 후 아기와 눈 맞춤을 하며 이야기를 하다 보면 잠이 오는지 보이기 시작합니다. 잠이 오는 아기는 하품을 하거나 눈빛이 흐려지기도 하고, 귀를 잡아당기기도 하고, 한곳을 뚫어지게 초점 없이 보기도 합니다. 그때 시간도 함께 체크하면서 부모 마음에 잠이라는 확신을 가지는 것이 필요합니다. 졸린 아기가 울면서 흥분하기 전에 잠자는 장소로 데리고 갑니다.

2. 늘 같은 장소로 이동합니다

늘 일정한 장소에 가서 등을 바닥에 대고 누워 있게 하는 것이 중요합니다. 아기에게 안전하다는 것을 무의식에서 경험하게 해주기 위해서입니다. 늘 같은 장소에서, 늘 같은 침대에서, 늘 같은 이부자리에서 잠이 들었던 아기들은 향후 졸릴 때 스스로 자기 침대에 가서 잠을 잡니다.

3. 감각을 이용해 부모와 교감하는 시간을 가집니다

자야 하는 장소로 이동한 후 여러 감각을 이용해 아기와 교감하는 시간을 가져야 합니다. 누운 아기 옆에 부모가 있으면 아기는 냄새를 느낍니다. 이는 후각입니다. 그 후 아기와 눈을 마주치고 시선을 교환합니다. 이는 시각입니다. 동시에 부드럽고 따뜻한 톤의 목소리를 들려줍니다. "축복이, 이제 곧 꿈나라 가서 토끼랑 코끼리랑 놀다 와."라고 말합니다. 이는 청각입니다. 아기 몸을 부드럽게 마사지해 줍니다. 이는 촉각입니다. 이렇게 후각, 시각, 청각, 촉각을 아기가 느낄 수 있도록 위와 같은 과정을 하는 것이 수면 의식의 핵심입니다. 교감은 심장에서 느껴져야 합니다. 아기의 시간으로 들어가서 아기의 호흡을 관찰하면서 잠을 자고 싶은 아이가 시선을 언제 차단하는지를 관찰합니다.

부모가 빨리 자라는 메시지를 주면 안 됩니다. 숙제를 마치듯 마사지하고, 잘 자라고 자장가 불러주고 나오는 행동은 권유하지 않습니다. 잠자는 장소로 이동한 후 아기와 이야기를 하다 보면 아기는 다시 한 번 잠이 온다는 신호를 보냅니다. 그 신호를 관찰하면 아기가 잠투정이 심할 때 기다려줄 수 있는 에너지가 생깁니다.

수면 의식은 눈 맞춤을 하면서 이야기를 하고 손으로는 아기 몸을 가볍고 부드럽게 만져주는 교감의 순간입니다. 아기가 엄마와 시선을 맞추면서 깊게 소통하려고 하는 것을 엄마도 느껴야 합니다. 그렇게 아기와 교감하다 보면 아기 몸에 힘이 풀어지는 듯한 모습을 볼 수 있게 될 것입니다. 아기 몸을 부드럽게 마사지해 보면 몸이 이완되면서 다리가 축 처지듯이 힘이 빠지는 것을 느낄 수 있습니다. 이때 부드럽게 천천히 만져주면 됩니다. 만일 다리에 힘을 주면서 발차기 비슷한 행동을 한다면, 잠시 마사지를 멈추고 가만히 몸에 손을 대고 있어도 좋습니다.

"꿈나라 가서 토끼랑 코끼리랑 잘 놀다 와~."라고 말을 할 때 엄마 목소리에는 편안함이 묻어나야 하고 부드러움과 따뜻함이 느껴져야 합니다. 이건 부모 마음이 편할 때 저절로 표현이 됩니다. 부모가 불안하다면 천천히 호흡을 해도 됩니다. 부모는 천천히 말을 하면서 작은 소리로 아기가 단어를 알아듣기보다 느낌을 전달받을 수 있도록 합니다. 감각을 이용해서 보호받고 있다는 느낌을 주는 것이 핵심입니다.

　엄마가 아기의 눈을 보면서 느리고, 부드럽게 말하면서 아기를 마사지하면 엄마 마음에 평안이 옵니다. 분주했던 마음이 차분해지면서, 온전히 아기와 둘만의 깊은 교감을 경험하게 될 것입니다. 아주 짧은 시간이지만 아기와의 깊은 눈 맞춤이 이루어지면 서로의 마음 안에 신뢰가 생깁니다.

4. 자장가를 불러주어도 좋습니다

　시각, 청각, 촉각, 후각을 이용해서 교감을 한 후에 자장가를 불러주어도 좋습니다. 자장가는 가사가 좋아야 합니다. 잠을 자러 꿈나라로 들어간다는 것은 의식의 세계에서 무의식의 세계로 전환이 되는 것이므로 수채화같이 아름다운 가사나 꿈과 희망을 주는 가사여야 합니다.

5. 아기 스스로 잠을 주도하도록 기회를 줍니다

　부모와 가만히 눈 맞춤하던 아기가, 또는 자장가를 가만히 듣던 아기가 눈을 감았다 떴다 하면서 몽롱한 상태가 되는 것을 관찰할 수 있을 것입니다. 또는 갑자기 고개를 다른 쪽으로 돌리면서 시선을 차단하고 팔, 다리를 흔들면서 강하게 울거나 칭얼거리면서 우는 행동을 할 수도 있습니다. 이런 행동을 할 때 두려워하지 말고 가만히 지켜봅니다. 다시 고개를 돌려 부모와 시선이 마주치는지 아니면 그대로 다른 곳을 보면서 칭얼거리거나 우는지 지켜봅니다. 아기 마음이 느껴지기도 하고, 아기가 잠을 자기 위해 노력하는 모습이 보이기도 할 것입니다. 울음소리에 주목을 하면 두려워지면서 불안함을 느낄 수 있으므로 아기의 행동에 주목해야 합니다. 조금 전까지 기분 좋게 놀고, 먹고, 하품도 하고, 눈도 비비면서 졸려한 후에 운다면, 아기는 자고 싶다는 표현을 하는 것입니다. 부모는 아기의 욕구가 무엇인지 스스로 인지해야 합니다. 부모는 변한 것이 전혀 없습니다. 이 상황에서 변한 것은 아기입니다. 부모는 여전히 아기와 눈 맞춤을 하기 위해 기다리고 있는데, 아기는 졸리다고 표현했다면 아기를 존중해 주어야 합니다.

이때 기다려주면서 아기가 잘 수 있는 기회를 줍니다. 아기는 잠의 세계로 들어가는 과정에서 울거나 칭얼거리면서 자고 싶다고 부모한테 말을 한다고 인지해야 합니다. 이때 기다려주어야 아기는 등을 바닥에 대고 스스로 자는 경험을 합니다.

Q77 수면 간격은 어떻게 되나요?

아기들을 관찰하면 일정한 주기로 잠을 잔다는 것을 알 수 있습니다. 30일 이전의 아기는 낮잠을 잘 때 기상한 시간으로부터 1시간 이내에 다시 자고 싶어 하고, 4개월 전후의 아기는 기상한 시간으로부터 1시간 30분에서 2시간 사이에 자고 싶어 합니다. 그 전에 밤잠을 얼마나 잤는지, 낮잠을 얼마나 잤는지 그리고 아기 나름의 생체 리듬에 따라 조금씩의 차이는 있지만 옆의 표를 참고하면 아기가 하는 행동을 이해하는 데 도움이 됩니다.

예를 들어 생후 4개월 아기가 아침 8시에 일어나면 수유를 합니다. 8시 30분까지 수유를 하고 엄마와 눈 맞춤하고 놀다 보면 하품을 하거나, 눈을 비비는 등의 행동을 할 것입니다. 엄마는 아기가 몸으로 표현하는 행동과 함께 시계도 같이 보면 좋습니다. 시간이 9시 15분 정도 되었다면 '졸리겠구나'라고 인지를 하고, 아기를 침실로 데리고 가서 눈을 맞추고, 다리와 몸을 가볍게 마사지해 주고, 부드러운 목소리를 들려주다 보면 확실하게 졸리다는 것이 구분됩니다. 아기가 울 수 있지만 울음만으로는 아기가 원하는 것을 파악하기 어렵습니다.

아기가 몸으로 하는 행동과 시간을 관찰하다 보면 아기 욕구가 무엇인지 구분이 되기 시작합니다. 엄마가 아기의 욕구를 인지하게 되면 불안과 두려움이 아닌 육아에 대한 자신감이 생깁니다.

규칙적인 일상이 이어지기도 하지만 때로는 아주 작은 변화에 아기가 영향을 받기도 합니다. 외출, 손님 방문, 병원 진료, 산책, 쇼핑, 자동

차에서의 짧은 잠 등의 변수는 엄마가 아기를 관찰하는 데 혼란을 줍니다.

아기가 시간에 맞춰 정확하게 잠을 자면 좋지만, 같은 듯 매일 다른 아기의 패턴을 인정하고 존중해 주기가 쉽지만은 않습니다. 그래서 경험이 필요합니다. 경험은 반응을 통해 알아나가는 것이기 때문에 부모는 아기가 다른 행동을 하더라도 일관성 있는 태도를 가지고 반응하면서 수면 환경을 제공해 주어야 합니다.

아기가 성장하면서 조금씩 깨어있는 시간이 늘어나게 되는데, 이 또한 계단처럼 정확하게 변화하면 좋겠지만, 1시간에서 1시간 30분 사이에 졸려하던 아기가 어느 날은 45분 만에 졸려하기도 하고, 어느 날은 2시간 가까이 기분 좋게 깨어 있기도 합니다. 이렇듯 다양하게 잠 패턴이 변화하다가 어느 날 보면 수면 간격이 벌어져 있는 것을 알게 됩니다.

이런 변화를 엄마들은 힘들어합니다. 정확한 시간으로 잠을 자고 일

개월수	아침 기상 후 수면 간격	밤잠 전 깨어 있는 시간	낮잠 횟수
0~2개월	40분~1시간	1시간	4~6회
2개월	1시간~1시간 30분	1시간 30분~2시간	3~5회
4개월	1시간 30분~2시간	2시간 30분	3~4회
6개월	2시간~2시간 30분	3시간 30분	3회
9개월	2시간 30분~3시간	4시간	2~3회
10개월	3시간	5시간	2회
15개월	낮잠 1회인 경우: 5~6시간 낮잠 2회인 경우: 3~4시간	5~7시간	1~2회
24개월	4~5시간	6~8시간	0~1회

월령별 수면 패턴

어나면 좋으련만 어느 날은 이렇게 자고, 어느 날은 저렇게 자는 아기의 다양한 패턴을 혼란스러워합니다. 아기의 기질에 따라서, 환경에 따라서, 낮잠의 횟수와 시간에 따라서 경우의 수가 많아지는 것은 당연합니다. 관찰만으로 욕구를 파악하라고 하면 아기의 행동으로는 수유 간격을 알아내는 것이 너무나 어렵다고 합니다.

그러면 어쩔 수 없이 "시계를 보세요."라고 말하게 됩니다. 시계를 보고 아기의 욕구를 파악하다 보니 시간이 맞지 않으면 다시 또 "자야하는 시간인데 전혀 졸려하지 않아요. 어떻게 해야 하죠?"라고 묻는 부모들이 있습니다. 부모들은 몇 시에 수유하고, 몇 시에 잠자리에 가면 좋겠다고 누군가가 말해주는 것을 좋아합니다. 즉 수유와 수면을 일정한 패턴에 맞추려고 합니다. 엄마가 생각한 시간에 일어나고, 엄마가 원하는 양만큼 먹고, 엄마가 원하는 시간에 전혀 울지 않고 잠을 자는 아기를 양육하고 싶어 합니다.

부모가 아기의 욕구가 무엇인지 파악하려고 노력하다 보면 경험이 쌓이면서 수학적으로 계산된 양육이 아니라, 인문학적 통찰이 생기게 될 것입니다.